KB025779

철학

PHILOSOPHY: A Very Short Introduction

Copyright © Edward Craig 2002
Korean translation copyright © 2015 by GYOYUDANG Publishers
All rights reserved.
First edition was originally published in English in 2002.
Korean translation rights arranged with Oxford University Press
through EYA(Eric Yang Agency).

이 책의 한국어판 저작권은 EYA 에이전시를 통해 Oxford University Press 사와 독점 계약한 (주)교유당에 있습니다. 저작권법에 의해 한국 내에서 보호를 받는 저작물이므로 무단전재와 무단 복제를 금합니다.

첫단추 시리즈

철학

에드워드 크레이그 지음
이재만 옮김

교유서가

일러두기

본문 중의 〔 〕는 모두 옮긴이 주(註)이며, 원문 인용에서 저자가 덧붙인 설명은 〔 〕로 표시하고 '저자주'라고 밝혔다.

차례

제 I 장

철학

이 책을 읽는 사람은 모두 이미 어느 정도 철학자다. 우리가 거의 모두 철학자인 까닭은 어떤 가치에 따라 살아가기 때문이다(또는 그렇게 살아간다고 생각하고 싶어하거나, 그렇게 살지 못하면 마음이 꺼림칙하기 때문이다). 그리고 우리 대다수는 세계가 어떠하다는 아주 일반적인 어떤 상(像)을 지지한다. 누군가는 우리 자신을 포함해 만물을 창조한 신이 있다고 생각하고, 누군가는 세상만사가 우연과 자연선택의 문제라고 생각한다. 누군가는 인간에게 영혼이나 정신이라 불리는 불멸하는 비물질적인 부분이 있다고 믿지만, 이와 정반대로 누군가는 인간이란 물질로 이루어진 복잡한 조직에 불과하며 죽고 나면 서서히 분해된다고 믿는다. 그러므로 우리 대다수는 설령 전혀 의식적으로 생각하지 않더라도 두 가지 기본적인 철학적 물음, 즉 "우리는 무엇을 해야 하는가?"와 "무엇이 존재하는가?"에 대한 답변 비슷한 것을 갖고 있는 셈이다. 역시 우리 대다수가 일종의 답변을 가지고 있는 세번째 기본적인 물음, 즉 첫번째와 두번째 물음을 자각하는 순간 불현듯 떠오르는 물음은 "우리는 어떻게 아는가?" 또는 알지 못할 경우 "알아가는 과정을 어떻게 시작해야 하는가?"라는 것이다. 눈을 이용해야 할까, 생각을 해야 할까, 신탁을 구해야 할까, 과학자에게 물어야 할까? 여러분이 탐구할 수도 있고, 그냥 넘겨버릴 수도 있고, 익숙해질 수도 있고, 전문가까지 될 수 있는 하나의 주제라고 생각하면, 철학은 그저 이 물음들과 이것들의 상관관계에 관해 조금 더 숙고하고, 이 물음들에 관해 다른 이들이 이미 뭐라고 말했고 왜 그렇게 말했는지 배우는 것을 뜻한다.

사실 철학은 의식적으로 노력해도 회피하기가 극히 어렵다. "철학은 무용하다"라고 말하며 철학을 배격하는 이들을 떠올려보라. 첫째, 그들은 명백히 어떤 가치체계에 견주어 철학을 평가하는 것이다. 둘째, 아무리 단순하고 독단적인 견해일지라도 철학이 무용한 이유를 말할 준비가 된 순간, 그들은 특정한 사유 유형이 부질없다는 점, 또는 특정한 문제 유형을 다룰 능력이 인간에게 없다는 점을 이야기할 것이다. 그런데 그때 그들은 철학을 배격하는 것이 아니라 철학 안에 있는 하나의 목소리, 이미 공인받은 회의적인 목소리가 될 것이다. 그런데 회의적인 목소리들이라면 초창기부터 오늘날까지 철학사에 부족했던 적이 결코 없다. 제6장에서 그런 목소리들을 일부 살펴볼 것이다.

그들이 둘째 노선을 택한다면, 이 노선은 인간이 도저히 감당할 수 없는 특정한 문제 유형을 발견하는 것, 그리고 그 발견을 **혼자 힘으로** 해내는 것—이미 알고 있다고 안이하게 가정하는 것이 아니라 실제로 **발견해내는** 것—이 가치 있는 경험이 아니거나 헛된 경험이라는 입장 또한 함축할 것이다. 그런데 이런 입장은 참일 리가 만무하지 않을까? 인간은 자연, 더 나아가 신의 존재에 관한 물음에 답할 주제가 못 된다고 우리 모두가 확신했다면, 달리 말해 모든 인간이 종교적 불가지론자였다면 세계가 얼마나 달라졌을지 상상해보라. 국가가 국민들에게 늘 행사하는 정치적 권위를 무엇이 정당화하는가라는 물음에 대한 답이 없다고 우리 모두가 확신했다면, 달리 말해 무정부론자의 의문에 응수할 마땅한 답이 없다고 우리 모두가 믿었다면, 세계가 얼마나 달라졌을지 상상해보라. 그 차이가 과연 이로웠을지 아니면 해로웠을지, 또는 그 차이가 애초 생각만큼 중요했을지 아닐지는 당연히 논쟁거리다. 그러나 그 차이가 심대했으리라는 것은 의심할 여지가 없다. 사람들이 생각하는 방식이 상황을 바꾼다는 것, 수많은 사람들이 생각하는 방식이 거의 모든 사람의 상황을 바꾼다는 것은 부인하지 못할 사실이다. 한결 분별 있게 철학에 반대하는 입장은 철학이 무력하다는 입장의 정반대나 마찬가지다. 바로 철학이 **너무 위험하다**는 입장이다. (니체는 철학자를 가리켜 "모든 것을 위험에 빠뜨리는 끔찍한 폭약"이라고 말했다. 물론 철학에 반대하는 뜻으로 한 말은 아니다. 167~178쪽 참조.) 그러나 이런 발언은 대개 **발언자 자신의 철학을 뺀** 것은 어떤 철학이든 위험하다는 것을 의미하고, 상황이 바뀔 경우 발생할 사태를 두려워한다는 뜻이나 마찬가지다.

논의가 아무리 간단해도 이런 논의를 시작하는 것조차, 내가 방금 말한 회의적인 입장을 지지하는 것조차 무가치하다고 생각하는 이들을 떠올릴 수도 있을 것이다. 그런 이들이 있겠지만, 그렇다고 해서 그들에게 철학이 없는 것은 아니다. 오히려 그 반대다. 그들은 다만 '철학적으로 사유할' 준비, 즉 자기 견해를 표명하고 주장하거나 자기 견해에 관해 논변을 펼칠 준비가 되어 있지 않을 뿐이다. 그들에게 변하지 않는 가치, 중요하게 여기는 가치체계가 없는 것은 아니다. 이를테면 그들은 어떤 것을 **해내는** 능수능란한 전문기술이 그 어떤 이론적 지식보다 가치 있다고 생각할 것이다. 그들의 이상은 실재의 본질에 관한 통찰이 아니라, 훈련에 훈련을 거듭해서 특정한 활동을 의식적인 노력 없이, 마치 완벽하게 연마한 본능에 따르듯 실행하는 역량일 것이다. 내가 이런 이들을 그저 지어내고 있는 것이 아니다. 실제로 선불교의 사상—선불교의 수행이라고 말하는 편이 옳을지도 모르겠다—은 대체로 이런 방향에 크게 의존한다. 그리고 특정한 무사유를 이상으로 추구하는 선불교의 사상은 그 이전에 오랜 세월 수행한 사유의 결과물이었다.

철학이 우리와 그토록 가깝다면, 어째서 그토록 많은 이들이 철학은 난해하고 다소 기이한 무엇이라고 생각하는 걸까? 그렇지 않다고 쉽게 치부해버릴 수도 없다. 어떤 철학은 난해하고 기이하며, 최고의 철학은 대부분 처음에는 난해하거나 기이하게 **보일** 공산이 크다. 최고의 철학은 우리의 정보 저장고에 더하면 그만인 몇 가지 새로운 사실이나 우리의 행동 수칙을 확장해줄 몇 가지 새로운 격언을 제시하는 데 그치지 않고, 세계상 그리고/또는 일군의 가치를 구현하고 있기 때문이다. 그런 세계상이나 가치에 이미 익숙하지 않은 사람에게는 (모호하고 비반성적인 방식으로 우리 모두가 세계상과 가치체계를 갖고 있음을 기억하라) 그것들이 아주 독특하게 보이기 마련이다. 독특하게 보이지 않는다면 그것들을 이해하지 못한 것이다. 훌륭한 철학은 우리의 상상력을 넓혀준다. 우리가 어떤 사람들이든 어떤 철학은 우리와 가깝다. 물론 어떤 철학은 더 멀고, 어떤 철학은 더더욱 멀고, 어떤 철학은 대단히 이질적이다. 멀거나 이질적이지 않다면 그것이 오히려 실망스러운 결과일 텐데, 이는 인류가 지적으로 아주 단조롭다는 뜻일 것이기 때문이다. 그러나 깊은 곳에서 시작할 필요는 없다. (앞에서 말했듯이) 우리는 이미 발을 담그고 서 있는 얕은 곳에서 시작한다. 그렇지만 우리 모두가 반드시 같은 장소에 서 있는 것은 아니라는 데 유의해야 한다(비유가 흔히 그렇듯이, 여기서 수영장 비유는 별 쓸모가 없게 되고 만다). 얕고 익숙한 곳과 깊고 기이한 곳은 각자가 언제 어디에서 물에 들어갔느냐에 따라 다를 것이다.

우리가 물속에 서 있다 치더라도 어째서 수영을 시도해야 할까? 달리 말해 철학의 쓸모는 무엇인가? 너무나 다양한 조건에서 창안된 너무나 많은 철학이 있으므로 이 물음에 일반적인 답변을 내놓기는 어렵다. 그러나 상당히 많은 철학이 (아주 넓은 의미로 이해할 때) 구원의 방편으로 창안되었다는 것은 확실히 말할 수 있다. 우리가 구원을 어떤 뜻으로 이해하는지, 그리고 무엇으로부터의 구원인지는 철학들 자체만큼이나 각양각색이지만 말이다. 불교 승려는 철학의 목표란 인간의 번뇌를 덜고 '깨달음'을 얻는 것이라 말할 테고, 힌두교도는 비슷한 목표를 조금 다른 술어로 말할 것이며, 둘 다 전생의 업(業)에 따라 내생의 모습이 결정되는 이른바 죽음과 환생의 윤회에서 벗어남을 말할 것이다. (오늘날에도 발견할 수 있다면) 에피쿠로스주의자는 환생에 대한 온갖 허튼소리에 콧방귀를 뀌고는 단 한 번뿐인 이 삶에서 쾌락을 최대화하고 고통을 최소화하는 방도를 내놓을 것이다.

모든 철학이 사는 법과 죽는 법을 포괄할 필요성에서 생겨난 것은 아니다. 그러나 이제껏 지속되어온 철학은 대부분 절박한 동기나 절실한 믿음에서 생겨났다. 진리와 지혜만 추구하는 것은 멋진 생각일지 모르지만, 역사는 멋진 생각이 십중팔구 멋진 생각으로 그친다는 것을 넌지시 말해준다. 예를 들어 고대 인도 철학은 지적 패권을 차지하기 위한 힌두교 교파들의 내부 투쟁, 힌두교도들과 불교도들의 투쟁을 나타낸다. 많은 문화에서 인간의 이성과 경전의 계시는 우위를 다투는 전투를 치러왔으며, 일부 문화에서는 전투가 아직도 진행 중이다. 토머스 홉스(Thomas Hobbes)의 유명한 정치이론(뒤에서 더 자세히 살펴볼 것이다)은 영국 내전의 여파 속에서 홉스가 배워야 한다고 느꼈던 교훈을 우리에게 가르쳐주려 한다. 데카르트와 많은 동시대인들은 거의 2,000년 전에 쓰인 아리스토텔레스의 저작에 뿌리박고 있던 중세적 견해를 밀어제치고 근대의 과학 개념을 위한 공간을 마련하고자 했다. 칸트는 자유를 옥죄는 전제적 체제들에 직면해 개인의 자율성을 증진하고자 했고, 마르크스는 노동계급을 빈곤과 고된 노동에서 해방시키고자 했으며, 모든 시대의 페미니스트들은 여성의 지위를 향상시키고자 했다. 이들 가운데 시시한 수수께끼를 푸는 데 그친 사람은 없었다(도중에 시시한 수수께끼를 풀어야 할 때가 이따금 있긴 했지만). 이들이 논쟁에 뛰어든 이유는 문명의 행로를 바꾸기 위해서였다.

독자들은 내가 철학을 정의하려는 시도를 일절 하지 않고 철학이 아주 넓은 범위의 지적인 활동들을 아우르는 극히 폭넓은 술어임을 암시하는 데 그쳤음을 알아챘을 것이다. 어떤 이들은 철학을 정의하려 해봐야 얻을 것이 전혀 없다고 생각한다. 나는 이 생각에 공감하는데, 대부분 철학을 지나치게 제한적으로 정의하려 하는 까닭에 설령 그 정의가 효과가 있다 하더라도 이롭기보다 해로운 경우가 많아 보이기 때문이다. 그러나 나는 적어도 철학이 무엇인지 말하려고 시도할 것이다. 내가 제시하는 것을 철학의 정의로 간주할 수 있는지 여부는 지나치게 고민할 필요가 없고 적극적으로 고민할 필요는 더더욱 없는 문제다.

까마득한 옛날 우리 조상들은 동물이었고, 자기가 무엇을 하는지 인지하지 못한 채, 또는 자기가 무언가를 한다는 것조차 **자각**하지 못한 채 그저 처지에 맞게 행동했다. 그러다가 그들은 어찌저찌해서 어떤 일이 발생하는 **이유**를 묻고(그런 일의 발생을 알아채는 데 그친 것이 아니라) 그들 자신과 그들의 행동을 바라보는 능력을 획득했다. 얼핏 생각하면 큰 도약을 한 것 같지만 실은 그렇지 않다. 어떤 사건이 일어나는 이유를 묻기 시작한다는 것은 무엇보다 자기 행위의 측면들을 조금 더 의식하게 된다는 뜻일 뿐이다. 냄새를 따라가며 사냥하는 동물은 사냥감이 최근에 지나갔기 때문에 냄새가 난다는 것을 의식하는 것처럼 행동한다. 그리고 실제로 사냥감이 있기 때문에 냄새가 나는 것이므로 대개 사냥에 성공한다. 이런 연관성에 대한 인식은 아주 유용할 수 있다. 무엇이 예상되는지 말해주기 때문이다. 더욱이 B가 일어났기 때문에 A가 일어난다는 것을 인식하면 상황을 한층 더 유용하게 통제할 수 있을 것이다. 예컨대 여러분이 A를 원하거나 회피하고 싶을 경우 B를 야기하거나 방지할 수 있다면 대단히 유용할 것이다. 인간을 비롯한 동물들은 이런 연관성을 자연적·무의식적으로 이용한다. 그리고 일단 연관성을 의식하고 나면, 내장되어 있는 편리한 답이 없을 경우 물음을 의식적으로 제기함으로써 연관성을 이용하는 행위를 매우 유익한 방향으로 확장할 수 있다.

그렇지만 일반적으로 유익한 이 성향이 언제나, 그것도 곧바로 성과를 얻는다는 보장이 없다는 건 말할 나위도 없다. 나뭇가지에서 과일이 떨어지는 이유를 묻는 사람은 곧 나무를 흔들기 마련이다. 인간은 비가 왜 내리는지, 왜 내리지 않는지 이유를 물음으로써 전혀 다른 영역으로 들어서며, 특히 이

1. 이 르네상스 시대 회화에서 보에티우스(서기 480년경~525년경)는 '철학 부인'의 말을 귀담아듣고 있다. 『철학의 위안』은 보에티우스의 가장 유명한 책으로, 그는 처형을 기다리는 동안 위안이 필요했다. 그러나 철학의 목표는 위안 말고도 많다.

물음 이면에 비가 내리거나 내리지 않는 데 인간이 영향을 끼칠 수 있다거나 없다는 본심을 숨기고 있을 때 그러하다. 인간은 대개 사건에 영향을 끼칠 수 있으며, 어떤 일(일례로 수렵)이 잘못되었을 때 우리가 제 몫을 못해서 실패했는지 아니면 우리의 통제력을 벗어나는 문제 때문에 실패했는지 묻는 습관을 들인다면 틀림없이 이로울 것이다. 이 유익한 습관이 가뭄은 어느 정도 우리의 실패 탓이라는 생각, 그리고 "이번 실패는 어떤 실패이고 우리는 무엇을 잘못했는가?"라는 물음을 낳았을 것이다. 그런 다음 유아기에 인간에게 긴요한 생각, 즉 우리가 착하게 굴고 부모가 우리에게 심술을 부리지 않는 경우에 한해 우리가 못하는 일을 우리를 위해 해주는 부모가 있다는 생각이 불현듯 떠올랐을 것이다. 비가 내릴지 여부를 결정하는 존재들이 있지 않을까? 그들의 마음에 들기 위해 노력해야 하지 않을까?

인류가 자연을 탐구하고 초자연적 존재를 믿기에 앞서 방금 말한 과정 전체가 필요했을 것이다. 이런 이유로 우리 조상들의 힘은 정신능력의 계발과 더불어 서서히 강해졌다. 그러나 그들은 선택지와 불가사의에도 직면했다. 과거에는 의문을 품지 않고 그냥저냥 살았지만, 이제는 의문을 잔뜩 제기하게 되었다. 다행히 이 모든 일은 서서히 일어났지만, 그렇다 해도 당시까지 인간 종이 맞닥뜨린 최대 충격이었다. 생물학적인 관점보다 지적인 관점에서 생각하는 이들은 어쨌거나 그 충격이 우리를 인간으로 만들었다고 말하고 싶을 것이다.

철학을 이 위기에서 벗어나려는 인류의 음성이라고 생각해 보라. 그렇게 생각하면 철학에 대한 몇 가지 흔한 오해를 피할 수 있을 것이다. 그중 하나는 철학이란 대학에서만, 또는 특정한 시대나 특정한 문화에서만 발견되는 상당히 한정된 활동이라는 것이다(전자는 터무니없는 오해이고 후자가 그나마 말이 된다). 첫번째 오해와 연관된 또다른 오해는 철학이란 간절히 필요하지 않은 물음에 답하는 일종의 지적인 놀이라는 것이다. 긍정적인 면을 보자면 이런 오해는 철학사에 흥미진진한 일화들이 있을 것 같다는 기대를 품게 할 것이고(실제로 그런 일화들이 있다), 현실에서 일어나는 사건을 지적인 놀이의 관점에서 바라보는 사람을 분명 더 신나게 해준다. 비틀거리는 호모사피엔스는 규준이 되는 축을 회복할 방도를 궁리할 수 있을까? 이 물음에 '그렇다' 혹은 '아니다'라고 딱 부러지게 답할 타당한 근거가 우리에게는 없다. 그 규준선이 어디에 있는지 우리는 과연 확실히 알고 있을까? 철학은 좋든 싫든 우리가 봉착해 있는, 일종의 결말이 열려 있는 모험이다.

그러나 이것은 철학을 너무 넓게 규정한 것이 아닐까? 이런 설명이 함축하는 모든 것을 철학이 포괄하는 것은 분명 아니지 않은가? 첫째, 틀린 설명일지라도 철학을 넓게 보는 편이 좁게 보는 편보다 우리에게 덜 해롭다. 둘째, 철학이 모든 사람에게 동일한 의미였던 시대는 결코 없었으리라는 사실은 말할 나위도 없고, '철학'이라는 낱말의 외연 자체가 역사를 거치며 현저히 변해왔다. 근래에는 상황이 꽤나 이상하게 돌아갔다. 한편으로는 거의 모든 영리단체가 자기네에게 철학—보통 방책을 뜻한다—이 있다고 말할 때처럼 철학이 너무 넓은 의미로 사용되어서 거의 무의미한 낱말이 될 지경에 이르렀다. 다른 한편으로는 의미가 너무 좁아졌다. 이렇게 된 주된 이유는 자연과학이 발달했기 때문이다. 어떤 탐구 영역이 명확하게 합의된 방법론과 명확하게 합의된 지식체를 갖춘 분과로서 자립하기 시작할 때면 그때까지 철학이라 불려온 것과 금세 결별하고 제 갈 길을 간다는 점이 자주 지적되었다. 예를 들어 물리학과 화학, 천문학, 심리학이 그러했다. 이런 식으로 철학자를 자처하는 이들이 고찰하는 문제의 범위가 축소된다. 더욱이 철학은 가장 명료하게 설명할 방법이 무엇인지 확신하기 어려운 문제들, 탐구하기 시작할 최선의 방법이 무엇인지 확신하기 어려운 문제들을 떠맡곤 한다.

이처럼 번창하는 분과들이 늘어나면서 불가피하게 대학 내 전문화가 심화되고 철학을 더욱 좁게 생각할 여지가 커지고 있다. 대학 철학과들은 대부분 규모가 아주 작다. 그 결과 현재 학계에서 유행하는(때로는 지역에서 유행하는) 전문지식을 너나없이 연구하면서 철학과들의 전문지식의 범위가 좁아지고 있다. 그럴 수밖에 없는 것이, 그 유행을 보통 철학과들이 만들어내기 때문이다. 게다가 몇 가지 뻔한 이유로 학사과정이 아주 짧기 때문에 수박 겉핥기식으로 발췌해 가르칠 수밖에 없다. 그러므로 대학 철학과에서 가르치는 것이 철학이라는 자연스러운 가정은 확실히 틀렸다고 말하긴 어렵지만, 철학을 제약하고 오해를 부르는, 피해야 할 가정이다.

이 책은 간결한 철학 입문서다. 그러나 이제 분명해지기를 바라건대, 나는 여러분을 철학에 정확히 입문시킬 수 없다. 여러분은 이미 철학에 들어와 있기 때문이다. 또한 여러분을 철학에 정확히 입문시킬 수도 없다. 철학의 범위가 너무 넓기 때문이다. '여러분에게 런던을 보여주는 일'을 내가 더 잘할 수 있는 것도 아니다. 여러분에게 런던을 조금 보여주고 이런저런 명소 몇 군데를 알려줄 수야 있겠지만, 그런 뒤에는 거리지도와 안내인이 동행하는 관광에 대한 약간의 정보를 주고 여러분 스스로 여행하도록 놔둘 것이다. 내가 철학과 관련해 제시하는 것도 이와 흡사하다.

이 장의 첫머리에서 나는 세 가지 철학적 물음에 대해 말했다. 이 물음들은 세 유형 또는 층위라고 부르는 편이 더 나을 것이다. 제2~4장에서는 고전 문헌에서 각 유형의 사례를 뽑아 소개한다. 첫째 유형의 아주 익숙한 사유방식에서 대다수 독자들에게 생경할 법한 셋째 유형의 사유방식으로 나아가면서 이 입문서의 다른 주제, 즉 철학에서 마주치는 참신함의 범위 또한 (결코 충분하진 않을지라도) 설명할 것이다. 나는 철학적 입장을 회피하기 어렵다는 점에 관해서도 어느 정도 되풀이해 말했다. 철학을 회피하기 어렵다면, 우리는 거의 어디를 바라보든 일종의 철학을 발견할 거라고 예상해야 한다. 이 말을 입증이라도 하듯이, 우리가 만나는 첫 사례는 서기전 4세기 희랍의 문헌이고, 둘째 사례는 18세기 스코틀랜드의 문헌이며, 셋째 사례는 서기전 100년에서 서기 100년 사이 불특정 시점에 이름 모를 불교도가 쓴 문헌이다.

이 세 문헌 모두 구하기가 쉽고, 특히 처음 두 문헌이 그렇다(참고문헌을 보라). 이 문헌들이 없어도 이 책을 읽는 데 아무 지장이 없지만, 가능하다면 그 문헌들을 옆에 놓고 함께 읽으면 좋은 이유들이 있다. 한 가지 이유는, 글을 즐길 수 있다는 것이다. 많은 철학 문헌이 잘 쓰였으므로 철학의 견해와 논변뿐 아니라 글까지 즐길 것을 강력히 권하겠다. 그러나 주된 이유는, 철학 문헌을 읽음으로써 원한다면 철학에 참여할 수 있다는 것이다. 철학은 완전히 낯선 나라가 아님을 기억하라. 여러분은 이미 어느 정도 철학자이며, 여러분이 타고난 평범한 지성에는 철학 영역의 작업 허가증이 들어 있다. 사유 면허를 받기 위해 어떤 비법을 훈련할 필요는 없다. 그러므로 철학

문헌을 읽으면서 질문을 던지고 잠정적인 결론을 내리기 시작하는 것을 두려워하지 마라. 물론 **잠정적**이라는 데 유의하라. 무엇을 읽든 가장 무책임하고 가장 안이한 말, 즉 "누구나 자기 의견을 가질 권리가 있다"는 말에 낚이지 마라. 권리를 얻는 일은 그렇게 간단하지 않다. 오히려 조지 버클리(George Berkeley, 1685~1753)의 빈정대는 말을 기억하라. "소수만이 사유하지만 모두가 의견을 가질 것이다." 참일지라도 애석한 말이다. 무엇보다 사유는 재미있는 일이기 때문이다.

마지막으로, 부디 천천히 읽어라. 이 책은 아주 긴 주제에 관한 아주 짧은 책이다. 나는 이 책에 많은 내용을 담으려 했다.

제 2 장

나는 무엇을 해야 하는가?

플라톤의 『크리톤』

서기전 427년경 태어나 347년경 죽은 플라톤은 고대 희랍 문명에서 중요한 첫번째 철학자는 아니지만, 상당한 분량의 전집을 우리에게 물려준 최초의 철학자이긴 하다. 인도 전통에 속하는 베다와 다수의 우파니샤드가 더 오래되었지만, 이들 문헌의 저자들과 작성 과정에 관해 우리는 거의 아무것도 모른다. 붓다가 플라톤보다 선대 사람이지만 정확히 얼마나 앞서는지는 학자들 사이에 의견이 갈리는 문제다. 더욱이 붓다의 삶과 사상을 서술한 문헌들 중 잔존하는 가장 오래된 문헌은 붓다가 죽고 수백 년 후에 쓰였다. 중국의 공자 또한 플라톤보다 선대 사람이지만(공자는 서기전 6세기 중엽에 태어났다), 우리는 공자가 쓴 문헌 역시 전혀 모른다. 유명한 『논어』

는 후대의 편집물이다.

플라톤의 저작들은 모두 대화 형식을 띤다. 이따금 대화자들이 길게 말하기도 하지만 대화는 대부분 빠르게 이어진다. 플라톤의 저작으로 알려진 대화편은 스물너댓 편이고, 몇 편이 더 있을지도 모른다. 대화의 연쇄로 이루어진 확실한 진본 저작들 중 두 편이 나머지보다 훨씬 길고 더 높이 평가받는다. (『국가』와 『법률』로, 둘 다 이상적인 정체政體를 찾는 데 몰두한다.) 이처럼 읽어야 할 플라톤 저작이 많이 있으며 대부분 비교적 저렴한 번역본으로 쉽사리 구할 수 있다. 이 저작들의 난이도는 폭이 넓다. 한쪽에는 우리가 곧 자세히 살펴볼 대화편과 비슷한 대화편들이 여럿 있다. 반대쪽에는 숙련된 독자라도 십중팔구 읽다가 머리를 긁적이고 멍한 표정을 짓게 되는 『소피스트』 같은 대화편들이 있다.

플라톤 대화편들의 거의 한결같은 특징은 소크라테스가 등장한다는 것이다. 그렇지만 소크라테스가 언제나 논의를 주도하는 역할로 나오는 것은 아니다. 대화편 『크리톤』은 소크라테스의 발언만이 아니라 곤경에 처한 그가 개인적으로 어떻게 행동해야 하는가라는 문제와도 관련이 있으므로, 우리는 소크라테스라는 인물에 관해, 그리고 그가 어떻게 대화를 시작할 때의 상황―아테나이의 감옥에서 임박한 처형을 기다리는 상황―에 처하게 되었는지에 관해 조금 알 필요가 있다.

소크라테스는 서기전 469년부터 399년까지 살았다. 소크라테스는 분명 카리스마 있는 인물로 적잖이 유별난 생활방식을 고수했다. 이런 생활이 수반하기 마련인 가난을 감수한 소크라테스는 누구든 자신과 토론하려는 이들과 무보수로 토론하는 데 모든 시간을 바친 듯하다. 그들 중에는 유복하고 따라서 여가시간이 넉넉한 아테나이의 젊은이들이 많았고, 그중 한 명이 소크라테스를 흠모하는 마음에 경력을 쌓고 저술을 해서 스승과 본인 모두를 불멸의 존재로 만든 플라톤이었다.

소크라테스의 사상이 모두 다 플라톤을 통해 우리에게 전해진 것은 아니지만, 플라톤이 전해준 것이 단연코 많기 때문에 이 두 사람의 견해를 명확히 구별하는 것은 쉬운 일이 아니다. 플라톤이 때때로 역사적인 인물로서의 소크라테스를 묘사하려 했다는 점도 의심할 여지가 별로 없고, 때때로 자기 철학을 전달하기 위한 문학적 장치로서 소크라테스라는 인물을 이용했다는 점도 의심할 여지가 별로 없다. 구별선을 어디에 그어야 하는지가 언제나 분명한 것은 아니지만, 오늘날 학자들은 실제 소크라테스가 올바름과 덕에 관한 윤리적 물음들에 집중했다는 것("나는 어떻게 살아야 하는가?"라는 물음은 '소크라테스식 물음'이라 불리곤 한다), 그리고 아테나이 시민들이 이 물음들과 관련된 내용을 과연 그들이 주장하는 만큼 실제로 알고 있는지를 소크라테스가 끊임없이 캐물었다는 것에 대체로 동의하는 듯하다. 소크라테스 자신도 그 내용을 언제나 확실히 알았던 것은 아니다. 그러나 소크라테스는 자신이 확실히 안다고 주장하지 않았다.

적을 만드는 아주 확실한 방법처럼 보이는 이런 활동과 잘 어울리는 사건이 소크라테스에게 닥쳤다. 시민 세 명이 아테나이의 젊은이들을 타락시킨다는 이유로 소크라테스를 기소한 것이다. 이 사건은 소크라테스에 대한 적대감이라는 큰 빙산의 일각이 드러난 것이었다. 재판에서 소크라테스는 근소한 표차로 유죄 판결을 받고 사형을 선고받았다. 대화편 『소크라테스의 변론』에서 여러분은 플라톤의 관점에서 본 소크라테스의 (뉘우치는 기색이 전혀 없는) 법정 연설을 읽을 수 있다. 소크라테스는 자신을 변호하면서 한 번, 배심단의 평결이 나온 뒤에 한 번, 선고가 내려진 뒤에 한 번 연설을 한다.

소크라테스는 곧장 처형되지 않았다. 재판 당시 신성한 종교 행사가 시작되었는데, 아테나이의 공식 사절단을 태운 배가 델로스 섬에서 돌아오기 전까지 사형 집행을 금했기 때문이다. 그래서 소크라테스는 배가 돌아올 때까지 감옥에서 시간을 보내야 했다. 소크라테스의 친구들이 날마다 그를 찾아오고 간수들과 안면을 익히고 행동 계획을 세우기에 충분한 시간이었다. 사형 집행이 임박하자 크리톤은 소크라테스에게

2. 모두가 플라톤처럼 소크라테스에게서 깊은 인상을 받았던 것은 아니다. 동시대인 아리스토파네스의 희극 『구름』에서 소크라테스는 (천체 현상을 연구하기에 더 좋은 위치라는 이유로) 공중에 매달린 바구니에 들어앉아 시간을 보내는, 젠체하는 괴짜로 등장한다.

계획을 제안하는 일을 떠맡는다. 그 계획이란 친구들이 간수들에게 뇌물을 주고 소크라테스를 아테나이에서 다른 어딘가로, 크리톤의 친구들이 소크라테스를 환대하고 보호할 테살리아로 탈출시키는 것이다.

『크리톤』은 그들의 논의와 소크라테스의 반응에 대한 플라톤의 서술이다. 이것이 2,400년 전 문헌임을 고려할 때 가장 놀라운 점들 중 하나는 이것이 더는 놀랍지 않다는 점이다. 여러분은 소크라테스의 발언에 전부 동의하지는 않을 것이다. 예를 들어 많은 독자들은 국가가 개인에게 정당하게 명령할 수 있다는 주장에 대한 소크라테스의 견해가 과장되었다고 느낄 것이다. 그러나 어려운 결정에 대해 한 번이라도 생각해본 사람이라면 사실상 『크리톤』의 모든 논점이 더할 나위 없이 익숙할 것이다. 플라톤이 사랑에 관해 쓸 때 우리는 플라톤의 견해가 우리의 견해와 다르다는 것을 의식한다. 플라톤의 우주론을 읽을 때 우리는 지금과 전혀 딴판인 시대로 거슬러올라간다. 그러나 "이 경우 나는 무엇을 해야 하는가?"라는 특정한 윤리적 물음에 관한 『크리톤』의 논의는 마치 어제 일어난 일만 같다. 제1장에서 나는 우리 모두가 어느 정도 철학자이며 따라서 어떤 철학은 아주 절실하게 느낄 거라고 말했다. 고대 희랍 세계의 이 사례가 바로 그런 사례다.

『크리톤』에 들어가기에 앞서 하나만 더 말하겠다. 여러분이 어떤 판본과 번역본을 읽든 거기에는 플라톤 문헌에서 구절의 위치를 나타내는 표준 방법이 적용되어 있다. 이 방법은 1578년에 출간된 르네상스 시대 플라톤 전집의 쪽수 매기는 방법에서 유래한 것으로 스테파누스 표기라고 알려져 있다(이 전집의 편집자인 앙리 에티엔Henri Estienne의 라틴어식 이름〔헨리쿠스 스테파누스Henricus Stephanus〕에서 유래했다). 현대의 모든 판본에는 면의 여백이나 상단에 이 표기가 있을 것이다. 나는 이 장에서 줄곧 이 표기를 사용할 것이다.

처음 몇 쪽에서는(43a-44b) 어떤 상황인지 설명된다. 크리톤은 자신과 간수가 친숙한 사이라고 말한다. 소크라테스는 자기 나이쯤 되면, 죽어야 한다고 해서 지나치게 화를 내는 건 적절하지 못하다고 말한다. 그러나 크리톤은 설득 작전에 돌입한다. 충분히 예상할 수 있듯이 크리톤은 우선 친구들이 소크라테스를 얼마나 귀하게 여기는지 말한 다음 소크라테스가 이 찬사에 답례하기를 바라는 마음을 넌지시 내비친다. 친구들의 평판은 위기에 처해 있다. 소크라테스가 감옥에서 죽는다면 아테나이인들은 친구들이 소크라테스를 탈출시키기 위해 돈을 쓸 마음이 없었다고 생각할 것이기 때문이다.

이어서 상이한 논점들이 아주 빠르게 제기된다(그중 절반은 논의되지 않는다. 『크리톤』은 잘 짜인 강의라기보다는 실제 대화에 훨씬 가깝게 쓰였다) 소크라테스는 '사람들'의 생각에 개의치 말아야 하고 우리에게 중요한 의견은 사실을 명확하게 바라보는 합리적인 이들의 의견이라고 대꾸한다. 크리톤은 "우리는 그렇게 할 형편이 아니"며 그러기엔 "다중의 의견이 너무 강력하네"라고 말한다. 그러자 소크라테스는 "오히려 진짜 중요한 일과 관련해 다중에게는 강한 힘이 전혀 없네"라고 응수한다. 진짜 중요한 건 어떤 사람이 지혜로우냐 어리석냐 하는 것이다(44d).

나는 많은 독자들이 이 생각을 낯설어할 거라고 짐작한다. 소크라테스가 말하는 지혜는 무엇이고 진짜 중요한 일은 오로지 지혜뿐인가? 우리는 이 물음을 기억해두었다가 이어지는 대화에서 이 물음을 해명하는 무언가가 나오는지 계속 살펴봐야 한다. 크리톤은 화제를 돌려 앞에서 말한 친구들에게 중요한 문제로 되돌아간다. 소크라테스는 자신이 탈출할 경우 친구들이 보복당할까 염려하고 있는가? 그런 것으로 보인다(53a/b에서 소크라테스는 친구들에게 닥칠 위험을 다시 강조한다). 물론 크리톤의 주장은 이 위험으로 인해 상당히 무력해진다. 여러분이 어떤 행동을 **할 경우** 친구들이 적어도 해를 입을 공산이 큰 상황에서 그 행동을 **하지 않을 경우** 친구들이 해를 입을 거라고 호소해봐야 설득력이 없기 때문이다.

소크라테스의 태도에 당연히 발끈한 크리톤은 남아 있는 탄약을 감정적으로 마구 갈겨대기라도 하듯이 길게 열변을 토한다(45a-46a). 소크라테스는 친구들의 위험이나 비용을 걱정하지 말아야 한다. 어쨌거나 비용은 그다지 많이 들지 않을 것이다. 탈출할 경우 자신이 재판에서 뱉은 말을 번복하는 꼴이 되리라는 사실도 신경쓰지 말아야 한다. (우리는 머지않아 46b-46d와 52c에서, 언행의 일관성을 지키고 자기 자신과 행동의 이유에 충실한 것을 대단히 중요한 가치로 여기는 소크라테스에게 크리톤의 열변이 아무런 효과도 없음을 보게 된다.)

크리톤은 계속해서, 소크라테스가 목숨을 구할 수 있는데도 포기하고 적들의 바람대로 하는 것은 옳지 않은 행동이라고 주장한다. 크리톤은 소크라테스가 목숨을 부지할 수 있는데도 포기하는 것이 단지 적들의 성공을 뜻하기 때문에 그릇된 행동이라고 생각하는 것인지, 아니면 그것을 본질적으로 그릇된 행동이라고 생각하는 것인지(자살은 본질적으로 그릇된 행동이라고 생각하는 사람들처럼), 그것도 아니면 다른 이유 때문에 그릇된 행동이라고 생각하는 것인지 우리에게 말해주지 않는다. 크리톤이 이 가운데 한 가지 이유를 염두에 두었다면 실제로 발언이 크게 달라졌을 테지만, 그는 이 문제를 엄밀하게 생각하고 있지 않다. 몹시 흥분한 크리톤은 먼저 소크라테스가 자식들을 걱정하지 않는다고 책망한 다음 용기를 보이지 않는다고 질타한다(45d). (소크라테스가 실제로 하고자 마음먹은 일에 필요한 용기를 고려하면 크리톤이 말하는 용기는 특히 터무니없어 보인다. 자식들 문제는 소크라테스가 뒤에서 거론한다.) 기력이 떨어져가는 크리톤은 이제 친구들의 평판 훼손에 대해 다시 한번 푸념하고 자기 생각에 동의할 것을 소크라테스에게 간청한 뒤 말을 그친다.

괴롭고 근심스러운 나머지 크리톤은 마지막 두 단락에서 꽤나 무례하게 말을 했다. 그러나 소크라테스는 크리톤의 열의에 관해 말하며 이 무례를 눈감아주고 나서 대화를 장악하기 시작한다. 소크라테스가 입을 열자마자 사유는 느려지고 차분해지고 짜임새 있게 바뀐다. 소크라테스는 크리톤이 제기한 첫번째 논점—평판 문제—으로 돌아가 현명한 이들과 어리석은 이들, 다수와 전문가 가운데 누구의 의견을 존중해야 하느냐고 묻는다. 소크라테스가 대화를 순조롭게 풀어나갈 때 대화자들이 으레 그렇듯이, 크리톤은 소크라테스가 물어보면 뻔한 대답을 재깍재깍 한다. 소크라테스에 따르면 이 경우 우리는 다중이 아니라 올바른 것과 올바르게 행동하는 것, 잘 사는 것 또는 살아야만 하는 대로 사는 것이 무엇인지 아는 사람에게 귀를 기울여야 한다. 그러지 않으면 신체를 돌보는 의사의 말보다 다중의 말을 귀담아듣다가 신체를 상하게 되듯이 혼(魂)이 해를 입을 것이다. 결정적인 물음은 소크라테스가 탈출하는 것이 과연 올바른 행동이냐는 것이다. 돈과 평판, 자식 양육에 관한 온갖 허튼소리는 실질적으로 중요하지 않다(48c).

잠시 숨을 돌리자. 우리가 피해야 할 한 가지는 철학 텍스트를 무비판적으로 읽는 것이다. 지금 소크라테스의 발언에서 도덕적 광신의 조짐이 보이지는 않는가? 그의 혼이 정확히 어떤 해를 입는가? 그 해가 그토록 끔찍한 이유는 무엇인가? 그리고 친구들의 평판과 자식 양육이 위태로운 상황이라면 혼에 조금 해를 입을 각오를 해야 하지 않을까? 어쨌든 소크라테스는 누군가 친구와 가족을 위해 신체 손상을 무릅쓸 마음이 없었다 해도 대수롭지 않게 여겼을 것이다. 뒤에서 소크라테스가 인정하듯이(47e-48a) 그에게는 혼, 더 정확히 말해 "우리에게 속하는 것들 가운데 어느 부분이든 간에 올바름과 올바르지 못함에 관련된 것"이 신체보다 훨씬 귀중하다. 그러나 우리는 어째서 더 귀중하고 얼마나 더 귀중한지 듣지 못했다. 혼이 해를 입을 조짐이 보이면 친구들의 평판이나 자식들의 안녕 같은 사소한 일들을 즉각 무시할 정도로 혼이 **그토록** 귀중한 이유에 대한 설명도 없었다. 더욱이 자식들이 적절한 보살핌을 받지 못한다면 "**그들**에게 속하는 것들 가운데 어느 부분이든 간에 올바름과 올바르지 못함에 관련된 것"이 해를 입지 않을까? 소크라테스에게는 다른 대화자, 즉 이 물음들에 답변할 것을 요구할 누군가가 필요했던 것처럼 보인다.

그러나 아테나이에서 탈출해 망명하는 것이 잘못된 행동이 되리라 주장하는 소크라테스의 말을 일단 끝까지 듣고 전체를 살펴보도록 하자. 우선 소크라테스는 누군가 올바르지 못한 짓을 하는 것은 설령 올바르지 못한 짓을 당해서 앙갚음으로 하는 경우라도 언제나 올바르지 못하다는 데 동의하느냐고 크리톤에게 묻는다(49a-49e). 앙갚음은 달콤할지 모르지만 허용되지 않는다. 우리는 이 동의의 전략적 중요성을 쉽게 알아챌 수 있다. 소크라테스의 물음에 동의한다면, 국가든 배심단이든 소크라테스의 기소인들이든 누군가 소크라테스에게 나쁜 짓을 했는지 여부는 상관없는 문제가 된다. 유일한 문제는 소크라테스 자신이 크리톤의 계획에 따라 올바르지 못한 짓을 하느냐의 여부다. 분명 소크라테스는 이 문제와 관련해 폭넓은 합의가 이루어지기를 기대하지 않는다. 소크라테스는 보복이 허용될 뿐 아니라 단연코 올바르다고 생각하는 이들이 많다는 것을 아주 잘 알고 있다. 그러나 소크라테스가 동의를 얻으려 하는 사람은 크리톤이며, 두 사람은 예전에 이 문제를 논의했던 것이 분명하다. 소크라테스는 그 논의를 "우리의 예전 합의"라고 부른다. 크리톤은 "그렇다고 하겠네"라는 말로 소크라테스의 의견에 동의한다.

이제 소크라테스는 논쟁할 여지가 훨씬 적은 두 가지 전제를 내건다. 남을 해치는 것은 올바르지 못하다(49c)라는 전제와 정당한 합의를 깨뜨리는 것은 올바르지 못하다(49e)라는 전제다. 이제 소크라테스는 만일 자신이 탈출한다면 이 두 가지 행동을 모두 하는 꼴이 된다고 주장하려는 참이다. 손상을 입는 쪽은 아테나이인들의 국가와 법률일 것이다. 소크라테스는 국가와 법률이 의인화된 형태로 다가와 두 가지 행동에 반대하는 이유를 설명하는 상황을 상상한다.

첫째, 소크라테스는 국가와 법률에 해를 입힐 것이고(50a-50b) 정말이지 "법률과 온 나라를 망쳐놓을 생각"일 것이다. 이 말은 이상하게 들린다. 소크라테스가 의도하는 일은 분명 처형을 모면하는 것뿐이지 않은가? 그러나 다음 문장이 그 이유를 설명해준다. 소크라테스가 의도하는 일이 전례로 받아들여진다면, 그 결과 법률이 무너지고 그에 따라 국가도 무너질 것이다. 사사로운 개인들이 법정의 판결을 무시한다면 법률과 국가 모두 존속할 수 없기 때문이다. 여기서 우리는 아주 익숙한 도덕적 논변에 대한 호소, 즉 "모두가 그렇게 행동한다면 어떤 일이 벌어지겠는가?"라는 호소를 접한다. 내가 어떤 행동을 한다면 그것은 다른 모든 사람이 똑같이 행동해도 된다고 용인하는 것과 같으며, 나는 개별 행동만이 아니라 그 용인의 결과까지 고려해야 한다. 일각에서는 근대의 가장 영향력 있는 철학자라고 평가할 독일인 임마누엘 칸트(Immanuel Kant, 1724~1804)는 이것을 (한결 복잡하게 언명하긴 했지만) 도덕의 기본 원칙으로 삼았다. 우리 모두가 들어본 적이 있고 우리 모두가 스스로에게 물어본 적이 있는 이 원칙을 지금 서기전 400년에 소크라테스가 옹호하고 있는 것이다.

둘째, 법률과 국가는 소크라테스가 장차 합의를 깨뜨릴 것임을 암시한다(50c). 그러나 여기서부터 51d까지 법률과 국가가 마땅히 말해야 하는 것은 평범한 의미의 **합의**에 관한 말이 전혀 아닌 것으로 보인다. 이 대목에서 논의되는 합의에 소크라테스가 자발적으로 동의한 적이 없기 때문이다. 그 합의는 감사를 표할 의무, 또는 피조물이 창조자에게 바쳐야 할 경의, 또는 둘 다라고 표현하는 편이 더 알맞을 것이다. 이 대목에서 소크라테스가 그런 의무를 져야 하는 까닭은 부모에 비견되는 아테나이 국가가 그를 현재의 자신으로 길러냈고, 그렇게 길러낸 방식에 그가 불만을 품고 있지 않기 때문이다. 따라서 소크라테스는 국가의 바람대로 행할 의무가 있으며, 국가에 앙갚음할 권리가 소크라테스에게 있다고 가정하는 것은 말도 안 되는 짓이다.

마지막 논점은 불필요할 듯한데, 어쨌든 앙갚음은 올바르지 못하다고 소크라테스가 이미 말했기 때문이다. 그러나 많은 이들의 생각처럼 설령 앙갚음이 때로는 올바르다고 해도 상대편이 부모와 같은 국가인 이 경우에는 올바르지 않다고 소크라테스가 재차 변론을 편다고 볼 수도 있다. 소크라테스가 국가의 바람대로 행할 의무에 관해 말하자면, 국가의 권력과 그에 상응하는 부모와 같은 권위라는 이 전체주의적 견해는 이 대목에서 정당화된다기보다 필수적으로 요구된다. 놀랄 일은 아닌데, 국가가 개인들의 삶에서 일정한 역할을 수행한다는 이유로 개인들을 마치 국가의 목표를 위해 만들어진 생명 없는 인공물인 양 처분할 권리가 국가에 있다는 주장을 정당화하기란 결코 쉽지 않을 것이기 때문이다. 국가가 국민들을 위해 많은 일을 할지 모르지만, 그렇다고 해서 국가가 허용하는 목표 외에 국민들 자신의 목표를 전혀 주장하지 못할 정도로 많은 일을 한다고 생각할 수 있을까? 그리고 소크라테스가 아테나이인들의 의지와 무관한 그 자신의 목표를 몇 가지 허용 받는다고 가정하면, (원할 경우) 생존하는 것이 그중에 포함되지 않을까? 크리톤이 소크라테스의 말에 무조건 동의하는 사람이 아니었다면 이 단계에서 할 말이 훨씬 많았을 수도 있다.

그렇지만 소크라테스가 의인화한 법률은 51d에서 만일 옳다면 큰 차이를 만들어낼 주장을 편다. 소크라테스가 자신의 자유로운 의지로 법률을 존중하고 법률에 복종하는 데 합의했다는 주장이다. 소크라테스가 문서에 서명을 하거나 공식적으로 진술한 적은 없지만, 그의 행위가 법률에 복종하기로 합의했음을 드러내고도 남는 표시였다는 것이다. 아테나이의 법률에 따라 소크라테스는 성인이 되었을 때 어떠한 물질적

불이익도 당할 염려 없이 소유물을 가지고 아테나이를 떠날 수 있었기 때문이다. 그러나 소크라테스는 아테나이에 머물렀다. 더욱이 소크라테스는 군복무 기간을 빼면 70세가 되도록 잠깐이라도 아테나이 밖으로 구경이나 여행을 떠난 적이 없었다. 재판에서 소크라테스는 국외 추방을 대안적인 판결로 받아들일 의향이 없음을 분명히 밝혔다. 종합해보면 이런 사실들은 분명 아테나이의 제도에 소크라테스가 자의로 동의한다는 뜻이다. 그런데 이제 와서 (49e에서 공언한 바를 뒤집고) 합의를 위반할 작정이란 말인가?

소크라테스의 논변은 대부분 높은 수준의 원칙에 입각해 전개되었다. 올바른 일을 하는 것의 중요성에 비하면 (소크라테스 자신은 물론 친구들의) 평판과 자식 양육 같은 문제는 하찮다고 말했을 때처럼 때로는 원칙의 수준이 현기증이 날 만큼 높기도 했다. 그러나 52c부터 끝까지에 해당하는 『크리톤』의 종결부에는 소크라테스가 훗날의 비판에 대비한 듯한 흔적이 엿보인다. 소크라테스가 자신의 드높은 원칙을 납득하지 못하는 사람들에게 그 원칙을 확실히 납득시키려 했거나 말거나, 또는 이 쟁점을 온전히 그들에게 달린 문제로 내버려두는 데 전혀 만족하지 않았거나 말거나, 종결부에서 평판, 친구들의 위험, 탈출 가능성, 자식 교육 등이 다시 거론되는 것은 사실이다.

몇 쪽 앞에서 소크라테스는 크리톤에게 다중의 의견에 신경쓰지 말라고 말했다. 그러나 '법률과 국가'는 소크라테스가 웃음거리가 되고(53a), 부당한 말을 듣게 되고(53e), 배심원들에게 그들이 올바른 판결을 내렸다고 생각할 근거를 주게 될(53b/c) 위험만큼은 언급할 가치가 있다고 생각한다. (소크라테스의 원칙을 고수하는 사람에게 더 중요한 점은 재판에서 자랑스레 말했던 내용을 번복할 경우 소크라테스 자신이 수치를 당한다는 것이다(52c). 소크라테스에게 그 자신의 통일성은 마땅히 더욱 중요한 것이어야 한다.) 법률은 소크라테스가 현실적인 결과를 고려해야 한다고 말한다. 그가 탈출한다면 친구들은 위험에 처할 것이고(53b), 망명 생활은 보람 없고 모욕적일 것이다(53b-53e). 그리고 마지막으로 탈출이 그의 자식들에게 어떤 점에서 이로운가?(54a) 테살리아에서(하고많은 나라들 중에 하필 테살리아라니!) 자식들을 외국인으로 만들어 양육할 작정인가? 자식들이 아테나이에서 성장한다면 그가 죽든 아니면 그저 부재하든 그들에게 무슨 차이가 있기나 할까? 둘 중 어떤 경우든 친구들이 그의 자식들의 교육을 살펴줄 것이다.

법률은 손에서 꺼낼 마지막 카드 한 장을 쥐고 있다. 아득한 옛날부터 우리 시대에 이르기까지 도덕론자들이 즐겨 사용해온 그 유명한 카드는 바로 유서 깊은 '지옥의 업화' 술책이다. 법률은 소크라테스가 자신을 해친다면 저승에서 상냥한 응접을 받지 못할 거라고 말한다. 저승에 있는 법률의 형제들이 소크라테스에게 앙갚음을 할 것이기 때문이다.

마침내 소크라테스가 다시 본인의 말을 한다(54d). 소크라테스는 말을 끝맺으면서 또다른 영구적인 주제, 즉 도덕과 종교의 관계를 거론한다. 어떤 이들은 신에 대한 믿음 없이는 도덕이 성립되지 못한다고 생각해왔다(이 생각에 동의하지 않는 사람들도 줄곧 많았다). 이 견해가 소크라테스에게서 기인한다고 생각할 근거는 없다. 그러나 소크라테스는 '지옥의 업화' 못지않게 유서 깊지만 훨씬 위안이 되는 술책을 구사하는 것으로 보인다. 즉 신성한 도덕적 영감을 주장한다. "크리톤이여! …… 나는 이런 말들이 들려오고 있다는 생각이 드네. …… 또한 이런 말들의 바로 그 소리가 내 안에서 윙윙거리고 있어서 다른 것들은 들을 수가 없네. …… 신이 이렇게 인도하니, 이렇게 하세."

이렇게 대화는 끝난다. 여러분이 이 대화편을 즐겼기를 바란다. 도덕적 문제는 해결하기 어렵기로 악명이 높은데, 몇몇 사람들이 합의에 도달하려 애쓸 때만이 아니라 그들이 한 개인으로서 마음을 정하려 애쓸 때도 어렵기는 마찬가지다. 이처럼 어려운 이유를 우리는 조금 살펴보았다. 도덕적 문제는 수많은 유형의 수많은 요인을 포함한다. 당신은 A를 해야 하는가 하지 말아야 하는가? 한다면 그 결과는 어떨까? 당신의 행동은 당신 자신은 물론 당신의 친구와 가족, 여타 사람들에게도 영향을 끼칠 것이다. 하지 않는다면 어떨까? 할 때의 결과와 하지 않을 때의 결과를 어떻게 비교할까? 한동안 결과에 일절 신경쓰지 않고 당신 자신의 견해대로 A를 일관되게 실천할 수 있는지만 물어보는 방법도 있다. 그럴 경우 이제껏 당신이 소중하게 여기며 행동의 준칙으로 삼아온 이상을 저버리게 될까? 그렇게 했을 때 당신의 기분은 어떨까? 아무리 기분 좋은 결과라 해도 당신이 자처해온 임무나 의무에 어긋나지는 않을까? 누구에 대한 의무인가? 반대로 그렇게 하지 않을 경우 다른 의무를 저버리게 되는 것은 아닐까? 친구와 가족에 대한 의무를 지키는 것이 국가에 대한 의무를 지키는 것보다 우선하는가 아니면 그 반대인가? 당신에게 종교가 있다면 이런 선택에 대해 종교는 뭐라고 말하는가? 『크리톤』에서 이 모든 복잡한 물음은 잠재되어 있을 뿐이다. 관련 요인들 모두가 중립적으로 보이도록 만들거나(소크라테스가 어떻게 행동하든 그의 자식들과 친구들에게는 별 차이가 없을 것이다) 같은 방향을 가리키도록 만들기 위해 소크라테스가 안간힘을 쓰기 때문이다. 그러나 『크리톤』이 도덕적 딜레마에 대한 고뇌로 이어질 가능성을 알아채는 데 상상력이 많이 필요한 것은 아니다.

어떤 이들은 철학이 도덕적 문제에 해답을 주리라 기대한다. 그러나 우리가 살펴본 복잡한 문제들을 철학이 어떻게든

3. 간수로부터 독배를 받아드는 순간까지도 친구들과 논쟁을 벌이는 소크라테스. 자크 루이 다비드의 유명한 회화 〈소크라테스의 죽음〉(1787).

단순화할 수 있지 않는 한, 철학이 해답을 제시할 전망은 밝지 않아 보인다. 온갖 고려사항들의 균형을 잡을 올바른 방법이 단 하나뿐임을 철학이 우리에게 설득력 있게 보여주어야 할 것이기 때문이다. 소크라테스는 (48c부터 시작해) 전체가 단 하나의 쟁점에 달려 있다는 식으로 단순화하려 했다. 앞에서(38쪽) 언급한 칸트는 "모두가 그렇게 행동하면 어떤 일이 벌어지겠는가?"라는 익숙한 물음과 긴밀히 연관된 단일한 원칙을 도덕의 토대로 삼는 식으로 단순화하려 했다. 어떤 이들은 또다른 식으로, 즉 임무와 의무가 아니라 우리가 하려는 행동이 그 영향을 받을 모든 사람에게 불러올 결과만 고려할 것을 권고하는 식으로 단순화하려 한다. 이런 유의 견해는 제5장에서 더 자세히 살펴볼 것이다.

제 3 장

우리는 어떻게 아는가?

흄의 『기적에 관하여』

지금 여러분을 안내하는 사람을 포함해 많은 이들은 스코틀랜드인 데이비드 흄(1711~1776)을 영어로 저술한 철학자들 가운데 으뜸으로 친다. 흄은 학식이 넓은 지식인이었다. 생전에 철학자 못지않게 역사가로도 유명했을 만큼 여러 권으로 된 『영국사History of England』로 영향을 끼쳤는가 하면 정치적 문제(주로 헌법상의 문제)와 경제학에 관해서도 에세이를 썼다. 흄은 이 모든 활동이 하나의 폭넓은 기획, 즉 인성(人性) 연구에 이바지한다고 보았다. 1739/40년에 출간된 흄의 청년기 걸작은 『인성론A Treatise of Human Nature』이라 불린다. 세 권으로 이루어진 이 저작은 인간의 신념과 정념, 도덕적 판단을 다룬다. 이것들은 무엇인가? 무엇이 이것들을 만들어내는가?

이런 물음에 관한 흄의 저술은 인간이 어떤 존재라는 깊은 확신에 따라 구성되었다. 흄에게 똑같이 중요했던 문제는 우리가 어떤 존재가 아니라는 확신, 더 긍정적인 무언가가 우리의 정신을 사로잡기에 앞서 반드시 극복해야 하는 특정한 착각에 대한 확신이었다. 최고의 철학은 우리의 예전 신념에 한두 가지 사실을 더하거나 그 신념에서 한두 가지 사실을 빼는 데 그치지 않는다는 것을 기억하라. 그 철학은 기존의 사고방식을 깨끗이 치워버리고 다른 사고방식으로 대체한다. 그 철학에 세세한 서술이 많을 수도 있지만 조금만 물러서서 보면 웅장한 작품이 보일 것이다.

흄이 뿌리 뽑고자 했던 사고는 종교적 믿음에 토대를 두고 있었다. 신이 자신의 형상대로 우리를 창조했다는 말을 아주 진지하게 받아들이는 그 믿음에 따르면, 우리는 이 세상에 속하지만 완전히 속하지는 않는 혼성 존재다. 우리의 일부인 신체는 자연의 법칙과 과정에 종속되는 자연물이다. 그러나 이성과 도덕에 대한 이해력을 부여받은 불멸의 영혼 또한 우리의 일부다. 이것이 우리를 신의 형상으로 만든다. 동물은 인간과 딴판이다. 동물은 영혼이 없으며 아주 정교하고 복잡한 기계일 뿐 그 이상은 아니다. 진정 중요한 선(線)은 우리와 신 사이가 아니라 우리와 동물 사이에 그어진다. 흄은 이 선의 위치를 옮기고 싶어했다. 우리는 열등한 작은 신이 아니라 얼마

4. 흄은 보기보다 총명했다. "그의 얼굴은 그의 정신의 독창성, 특히 그의 섬세함과 생기의 지표가 결코 아니다"라고 한 손님은 썼다.

간 우월한 중간 크기 동물이라고 흄은 생각했다.

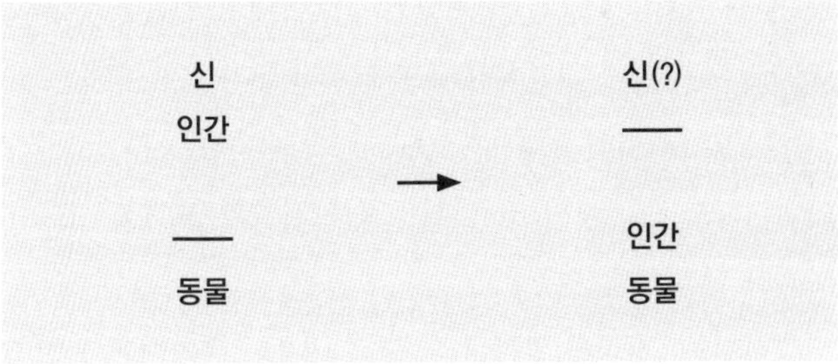

오른쪽 상단의 '?'를 놓치지 마라. 화살표 왼쪽은 인간의 이성을 과대평가하도록 부추긴다. 인간의 이성을 적절한 관점에서 본다면, 우리는 선의 위치를 잘못 그렸다는 것과 감히 그 선 위에 무엇이 있을지 생각하려는 시도가 실패할 운명임을 알아챌 것이다. 우리는 그런 시도를 할 주제가 못 된다.

그러므로 흄은 우리 삶에서 이성이 수행하는 역할에 관해 할 말이 아주 많았다. 흄은 자신의 적수들이 생각하는 만큼 이성이 대단한 것도 결코 아니고, 그들이 생각하는 이성과 실제 이성이 같은 부류인 것도 결코 아니라고 주장했다. 그런 다음 인간 이성이 수행한다고 그들이 생각하는 일들 대부분을 실은 다른 무언가, 즉 인간 본성의 역학(mechanics)이 수행한다고 주장했다. 흄은 이 역학에 관한 포괄적인 이론을 전개했는

데, 오늘날이라면 인지과학이라 부를 분야를 연구한 초기 사례였다. 그러나 흄은 종교적 믿음에 관해 단도직입적으로 쓸 때(꽤 많이 썼으니 참고문헌을 보라) 이 장대한 이론을 선반에 놓아둔 채 상식과 일상적인 관찰에 의지했다. 그런 이유로 흄의 에세이 『기적에 관하여Of Miracles』에서 우리는 거실까지는 아닐지라도 문간에서 시작하는 철학 저술의 고전적 사례를 또하나 발견하게 된다.

그렇지만 『기적에 관하여』의 모든 내용이 우리에게 완전히 익숙할 거라고 가정해서는 안 된다. 흄은 우리가 어떤 기적이 일어났다고 믿고 있고 우리의 증거가 다른 이들의 증언으로 이루어질 때(실제로 언제나 그렇듯이), 우리가 증거에 반해 그 믿음을 고수하는 것임을 논증할 계획이다. 우리가 그 기적이 일어나지 않았다고 믿을 근거들이 적어도 그 기적이 일어났다고 추정할 근거들만큼은 강력할 것이기 때문이다. 사실 흄은 전자의 근거들이 언제나 더 강력하다고 생각한다. 흄은 두 가지 이유로 이 주제에 조심스럽게 접근할 필요가 있었다. 첫째, 흄이 『기적에 관하여』를 출간한 때〔1748년〕는, 토머스 울스턴(Thomas Woolston)이라는 사람이 그리스도의 부활에 관한 성경의 기록이 그토록 있음직하지 않은 사건을 믿기에 충분한 증거가 아니라고 말했다는 이유로 생애 마지막 몇 년을 감옥에서 보낸 때로부터 채 20년도 지나지 않은 시점이었다. 당시 흄이 말하려던 것은 울스턴의 발언과 결코 무관하지 않았다. 둘째, 흄은 동시대인들, 특히 동포들이 종교에 관해 생각하는 방식을 진심으로 바꾸고 싶어했다. 그들이 흄의 글을 읽지 않는다면 생각을 바꿀 수 없었으므로 그들을 부드럽게 인도해야 했다.

이런 이유로 흄은 『기적에 관하여』 첫 문단에서 '틸롯슨과의 연관성'을 과시한다.〔존 틸롯슨John Tillotson은 1691년부터 1694년까지 캔터베리 대주교를 지냈다.〕 흄의 입장에서, 나의 견해는 근래에 어느 대주교가 제기한 논변을 확장한 것에 지나지 않는다고 말하는 것보다 더 나은 상황이 있었을까? 게다가 그 대주교의 논변이 로마 가톨릭교회의 특정한 교리에 대한 결정적인 반박이었다면 금상첨화였으리라. 적의의 강도는 제각각이지만 대부분 가톨릭주의에 적의를 품고 있던 흄의 독자들은 첫 문단에서 편안한 따스함을 느끼고…… 계속 읽어 나갔을 것이다.

흄의 논변을 살펴보기에 앞서 한 가지 더 따져보자. 흄은 어째서 기적의 증거에 관해 쓰는 일을 중요하게 여겼는가? 그 일은 종교적 믿음의 근거들을 체계적으로 논의하려는 흄의 계획의 일환이었으며, 당시에는 이 근거들이 두 종류라는 것이 통념이었다. 한편에는 사람들이 자신의 경험을 토대로 판단하고 자신의 이성을 사용해 혼자 힘으로 찾아낸 근거들이 있었다.

다른 한편에는 계시에서, 다시 말해 성스러운 문헌이나 다른 어떤 권위에서 비롯된 근거들이 있었다. 그러나 이 근거들에는 문제가 있는데, 날조된 문헌이거나 가짜 권위일 수도 있기 때문이다. 그렇다면 진짜인지 아닌지 어떻게 식별하는가? 진짜 계시는 기적의 발생과 결부된다는 것이 이 물음에 대한 답이었다. 그러므로 기적은 종교적 권위의 증명서로서 중요한 의미가 있었다. (궁극적으로 보아 그 증명서는 최고로 여겨지는 권위가 발급한다. 당시 널리 받아들여진 견해, 『기적에 관하여』에서 흄이 대체하려던 견해에 따르면 기적은 자연법칙의 위반이며 따라서 신이나 신이 권능을 부여한 이들만이 행할 수 있었다.) 그러므로 우리는 기적을 믿을 타당한 근거를 결코 가질 수 없다는 말은 전복하려는 의도가 짙은 주장이었다. 이 주장은 인간의 이성으로 진짜 계시와 가짜 계시를 구별할 수 없다는 말이나 마찬가지였다.

이제 흄의 논증을 살펴보자. 흄은 우리 모두가 잘 아는 지점에서 시작한다. 우리 모두는 다른 이들이 우리에게 말해준 것에 자주 의지하기 때문이다. 우리가 들은 것들은 대부분 문제가 없었지만 이따금 거짓으로 드러났다. 간혹 우리는 두 사람에게서 서로 모순되는 말을 들었고, 그래서 어느 쪽이 틀렸는지 밝혀내지는 못해도 둘 중 적어도 한 명은 틀렸다는 것을 알 수 있었다. 우리는 무엇이 거짓 보고를 초래하는지도 조금은 알고 있다. 사리사욕, 타인을 보호하려는 태도, 자신의 소중한 대의를 지키려는 마음, 훌륭한 이야기를 말하려는 욕구, 선의의 실수, 예전 보고에 대한 무비판적인 믿음, 장난 등이다. 우리 자신도 살면서 이런 오류에 빠진 적이 있으므로 거짓 지식은 다른 사람들에게서만 나오는 것이 아니다(흄의 저술 중 일부를 논거로 제시할 수도 있을 것이다). 우리 모두는 인간의 증언을 때로는 신중하게 다루어야 하고 특정한 상황에서는 대단히 신중하게 다루어야 한다는 것을 알고 있다.

내가 지난주 평일 정오 직전에 런던 북부에서 남부까지 차를 타고 가는 길에 사람 한 명, 자동차 한 대, 자전거 한 대도 보지 못했다고 여러분에게 말했다고 가정해보자. 내가 지나갈 때 모두가 우연히 다른 곳에 있었다고 해보자. 여러분은 평소와 달리 도로가 조용했던 것을 내가 터무니없이 과장해서 말한다고 생각하거나, 내가 여러분이 얼마나 쉽게 속는지 시험하거나 꿈을 이야기한다고, 혹은 어쩌면 미쳤다고 생각할 것이다. 그러나 여러분은 내가 진실을 말했을 가능성만은 진지하게 고려하지 않을 것이다. 아무리 일어날 법하지 않은 일이라도 내가 말한 일보다는 일어날 법하다고 여러분은 속으로 생각할 것이다.

여러분의 그런 반응은 아주 합리적인 반응일 것이다. 설혹 내가 말한 내용이 사실일지라도(가능성이 희박하긴 하지만, 당시 내가 지나간 경로에 있도록 강요당한 사람은 없으므로 모두가 다른 어딘가에 있기로 결정했던 것일 수도 있다), 그 일을 믿을 근거가 나의 증언뿐이라면 여러분이 믿는 것은 합리적인 행동이 전혀 아닐 것이다. 여러분이 나와 함께 텅 빈 거리를 직접 보았다면 사정이 달라졌을지 모르겠다. 그러나 지금 우리는 여러분이 나의 증언에 의존하는 경우에 관해 말하는 중이다.

여러분은 흄의 논변이 모습을 드러내기 시작했음을 알 수 있을 것이다. 기적의 역할이 종교적 믿음을 지탱하는 것임을 고려할 때, 기적은 우리 경험상 대단히 비개연적인 사건임이 틀림없다. 기적이 곧잘 일어난다면, 운이 좋거나 때를 잘 맞춘 늙은 허풍선이 누구라도 신적인 권위를 부여받을 기회를 움켜쥘 수 있었을 것이다. 그러나 기적이 대단히 비개연적인 사건이라면, 가장 믿을 만한 증언만이 기적이 일어났다는 증거가 될 것이다. 비개연적인 사건과 증언 중 하나를 선택해야 한다면, 흄의 말마따나 증거에 비례하여 믿음을 조절하는 현명한 자들은 자신이 보기에 그나마 개연성이 높은 쪽을 선택할 것이다. 따라서 기적이 일어나는 것보다 증언이 거짓일 개연성이 낮을 때 그 선택은 목격자들의 증언일 수밖에 없을 것이다. 이것은 실로 어려운 선택이다. 우리가 보았듯, 기적은 정말로 개연성이 극히 낮은 사건이기 때문이다.

이론상으로는 충분히 강력한 진술 증거를 확보하는 것이 완벽하게 가능하다. 그러나 어떤 기적을 입증하기에 충분한 증거를 **실제로** 확보했는지 여부를 두고 분명히 심각한 의문이 제기될 것이다. 우리는 목격자들이 실수를 저지르거나 의도적으로 속일 수 있음을 알고 있다. 우리 대다수는 나와 함께 어떤 사건을 목격한 사람이 흔히 하루나 이틀 뒤에 그 사건에 관해 나와 다르게 보고하는 모습을 본 경험이 있다. 기적적인 사건에 관한 많은 보고들은 목격자가 아니라 해당 사건이 일어나고 수년 뒤에 그 사건에 관해 쓰거나 말한 이들을 통해 우리에게 전해진다. 그런 보고들은 대부분 기적을 버팀목으로 이용하는 종교의 신봉자들이 전해준다. 법원은 이런 목격자들이 도무지 신뢰하지 못할 부류일 가능성을 고려할 것이고, 경우에 따라서는 그들의 증언을 들으려고도 하지 않을 것이다.

이런 의구심을 떨쳐낼 기적에 관한 보고가 있을까? 이 물음에 답하려면 기록된 역사 전부를 샅샅이 훑어야 할 것만 같다. 그러나 흄은 그럴 필요가 없다고 생각한다. 기적은 극히 비개연적이기만 한 것이 아니기 때문이다. 어떤 의미에서 기적은 틀림없이 **불가능하다**. 기적은 자연법칙의 위반이다("단지 신기한 것이 아니라 실제로 기적적인 것"). 이것이 흄의 정의였고, 청중이 받아들이기를 흄이 기대했던 정의였다. 그리고 이 정의에 힘입어 우리는 논변을 조금 다른 더 결정적인 형태—흄이 선호한 형태—로 다시 서술할 수 있다.

우리는 기적적이라고 추정되는 어떤 일—편의상 '사건'이라 부르자—에 관한 보고를 받는다. 그로써 우리는 '사건'이 일어났다는 것과 이것이 자연법칙의 위반이었다는 것을 믿도록 요구받는다. 그런 부류의 사건이 자연법칙의 위반이었을 거라고 믿을 근거가 타당하려면, 그 사건은 우리의 모든 경험과 자연이 작동하는 방식에 관한 우리의 최고 이론에 위배되어야 한다. 그러나 설령 그렇게 위배될지라도, 우리에게는 '사건'이 일어나지 않았다고 믿을 강력한 근거가 틀림없이 있을 것이다. 사실 그런 '사건'과 관련된 근거들 중에서 가장 강력한 근거다.

그렇다면 '사건'이 일어났다고 믿을 근거는 무엇일까? '사건'이 일어났다고 전해주는 보고다. 그 보고가 반대 근거들을 제압하고 '사건'에 승리를 안겨줄 만큼 강력할 수 있을까? 흄은 그럴 수 없다고 말한다. (이론상) 반대 근거들만큼 강력할 수는 있지만 결코 더 강력할 수는 없다고 흄은 말한다. 충분히 믿을 만한 목격자들이 적절한 상태와 적절한 환경에서 말한 것이라서 자연(심리)법칙상 참일 수밖에 없는 증언이 있을 수도 있다. 그렇다 해도 그것은 '사건'을 입증하는 가장 강력한 증거와 '사건'을 논박하는 가장 강력한 증거를 우리가 둘 다 갖게 되었음을 의미할 뿐이며, 이런 상황에서 합리적인 반응

5. 빵과 물고기의 기적, 서기 6세기 작품. 5천 명을 위한 양식인가 아니면 그저 생각할 거리인가?

은 믿음이 아니라 당혹과 우유부단일 것이다.

괄호를 친 '이론상'에 주의하라. 흄은 우리가 이런 상황을 실제로 발견한 적이 있다고 생각하지 않으며 그 이유를 여럿 제시한다. 흄이 우리 시대에 살았다면, 심리학자들은 인간의 기억과 증언의 **비신뢰성**에 관한 놀라운 사실을 여럿 밝혀냈지만, 기억과 증언의 신뢰성을 완전히 확신할 수 있는 조건에 관한 연구로 나아갈 의향은 전혀 보이지 않는다는 점을 덧붙여 말했을 것이다. 흄이 열거하는 일련의 난점들을 고려하면, 우리도 기억과 증언의 신뢰성을 기대하기 어렵다.

지금까지 살펴본 것이 흄의 논변의 핵심이었다. 놀랄 것 없이 흄의 논변은 많은 논의를 불러일으켰고 여전히 불러일으키고 있다. 이런 논의에 양념처럼 더할 두 가지 논점이 있다. 이 논점들은 철학적 논의와 논쟁 일반에서 자주 나타나는 두 가지 특징 또한 잘 보여주므로 세심히 살펴볼 가치가 있다. 첫째 논점은 그 자체로 완벽하게 참일지라도 핵심에서 벗어나는 비판이 있다는 것이고, 둘째 논점은 어떤 논변이 '감당하기 벅찬' 반론이 있다는 것이다.

흄은 기적이 (적어도) 극히 비개연적이라는 생각을 자기 논변의 토대로 삼았다고 말할 수 있다. 그러나 흄에 대항하는 이들은 이런 생각을 그냥 부인해버리지 않을까? 그들은 어쨌거나 신자다. 그러므로 그들은 엘리자베스 1세가 죽었다가 다시 살아났다는 보고—흄이 드는 사례—라면 흄 자신과 마찬가지로 진지하게 고려할 가치가 없다고 여기겠지만, 그들이 그리스도를 어떤 존재로 받아들이는지를 고려할 때, 이른바 그리스도의 부활이라는 기적은 대단히 비개연적인 사건이 절대 아니라고 여길 것이다. 대항자들에 직면해 흄이 그저 논점을 피했던 것은 아닐까? 충분히 입증하지 않은 채 그냥 그들이 틀렸다고 가정했던 것은 아닐까?

그러나 우리는 흄을 대신해 이런 의문은 흄의 작업에 대한 오해라고 말해야 한다. 우선 흄은 무엇이 종교적 믿음을 형성할 근거인지를 묻고 있었다. 사람에 따라 세계를 아주 다르게 볼 수 있고 또 이미 논변을 확립한 뒤라면 제각기 다른 논변을 타당하게 여길 수 있다는 점을 흄은 결코 반박하지 않았을 것이다. 사실 반박할 필요도 없다. 그것은 핵심 문제, 즉 기적이 "종교 체계의 토대임이" 증명될 수 있느냐는 문제와 아무 관련도 없기 때문이다.

그러므로 이 반론은 과녁을 벗어난 비판일 뿐이다. 흄을 더 애먹이는 두번째 반론은 그렇지 않다. 흄의 논변은 우리가 자연법칙에 관한 견해를 수정하는 것이 결코 합리적인 행동일 수 없음을 보여주지 않는가? 그러나 과학은 주로 그런 수정을 통해서 진보한다. 따라서 **그런 수정**이 비합리적이라면, 기적을 믿는 것이 비합리적이라는 비판도 더이상 진지하게 받아들일 필요가 없을 것이다. 신자들은 이렇게 말할 것이다. "뉴턴과 아인슈타인 일당보다 더 엉망이지만 않으면 돼."

흄의 논변이 이런 식으로 도를 넘었다고 생각되는 이유는 뭘까? 어떤 것을 자연법칙으로 여길 아주 타당한 근거가 우리에게 있다고 가정해보자. 이제까지 우리의 모든 경험이 그것에 들어맞고 현재 우리의 가장 뛰어난 과학 이론이 그것을 뒷받침한다고 해보자. 이제 과학자 몇몇이 그것과 상충되는 실험 결과를 보고한다고 가정해보자. 흄의 논변은 우리가 그들의 보고를 즉시 일축해야 한다고 말하지 않는가? 그들이 일어났다고 보고하는 일이 일어날 수 없는 일이라는 우리의 증거는 우리가 가진 그 어떤 증거 못지않게 타당하다. 반대 증거는 그들의 증언뿐이다. 흄이 기적에 대한 보고와 관련해 말한 상황과 똑같은 상황이 아닌가?

흄은 다음과 같은 말로 이런 비판 일부를 미연에 방지하려 했던 것으로 보인다. "그렇지 않으면[기적이 종교 체계의 토대냐는 것이 관건이 아니라면—저자주] 기적, 즉 자연의 일상적 운동에 위배되는 일이 있을 수도 있다. 이 경우, 인간의 증언은 증거가 될 수 있다." 이어서 흄은 모든 인간 사회에서 8일 동안 전 세계를 덮은 암흑이 보고되고, 암흑이 언제 시작되고 언제 물러갔는지가 정확히 일치하는 가상의 상황(철학자들은 논변의 힘을 시험하기 위해 가상의 상황을 자주 이용한다)을 예로 든다. 그런 다음 우리가 그 보고들을 받아들이고 그 기이한 사건의 원인이 무엇인지 탐구하기 시작할 것이 분명하다고 말한다. 그러나 흄은 이 사례의 정확히 어떤 점이 기적의 경우와 다른지 우리에게 말해주지 않는다. 우리가 알아야 하는 것이 바로 그 점인데도 말이다.

나는 흄이 대항자들에게 더 적절하게, 그리고 분명 더 명확하게 대응할 수 있었을 거라고 생각한다. 흄은 방금 내가 대강 서술한 상황에서 과학자 집단이 암흑에 대한 보고를 믿지 않을 것이고, 그들 중 몇 명이 **실험을 반복**해서 정확히 같은 결과를 얻기 전까지는 보고를 믿지 않는 것이 완벽하게 합리적인 행동이라고 말할 수도 있었을 것이다. 정확히 같은 결과를 얻고 나면 보고를 믿는 것은 증언 문제를 넘어 광범한 관찰 문제가 된다. 우리는 과학적 결과의 반복 가능성을 요구할 수 있고 또 실제로 요구한다. 어떤 이유 때문이든 반복이 불가능한 상황에서는 비개연적인 주장을 쉽사리 펼칠 수 있으므로 우리는 과학과 관련해 신중을 기하는 만큼 종교와 관련해서도 신중을 기해야 한다.

확신할 수는 없지만 흄은 이런 말을 하고 싶었을 것이다. 흄이 예로 드는 가상의 상황에서 8일 동안의 암흑에 관한 보고는 **모든** 문화에서 발견된다. 통신이 느리고 번거로우며 불완전하고 부정확할 공산이 컸던 시절인 만큼, 흄은 자기 이야기에서 모든 사람이 동일한 관찰을 **독립적으로** 했다는 것은 의심할 나위가 없으며 따라서 이야기의 상황이 실험 하나를 몇 차례 반복해서 매번 동일한 결과를 얻은 상황과 같다고 여겼을 것이다. 내가 말했듯이 우리는 확신할 수 없다. 이렇게 보면 최고의 철학 저술가에 속하는 흄조차도 항상 명확했던 것은 아니다. 그러나 여기까지 살펴본 내용이 흄이 말하려던 전부가 아니라는 것은 상당히 확신할 수 있다. 앞에서 인용한 문장이 속한 문단의 끝부분에서 우리는 이런 구절을 발견하게 된다. "자연의 붕괴와 쇠퇴, 사멸은 수많은 유사한 사례들, 즉 재앙으로 향하는 경향이 있는 듯한 현상에 대해 사람들이 아주 광범하고 한결같은 증언을 함으로써 개연적인 사건이 된다."

달리 말하면 8일간의 암흑은 무척이나 드문 사건일 테지만, 자연이 때때로 정상 패턴에서 벗어나는 것은 특별히 드문 일이 전혀 아니다. 이처럼 우리는 그런 사건이 **불가능하다**고 생각할 이유가 없으며, 따라서 기적에 비견할 사례가 전혀 없다고 생각할 이유도 없다. 우리는 흄의 『기적에 관하여』를 오랫동안 꼼꼼히 읽을 수도 있을 것이다. 많은 이들이 그렇게 했다. 그러나 우리의 여정은 다음 주제로 넘어가야 한다.

제 4 장

나는 누구인가?

무명 승려의 자아에 관한 성찰 : 밀린다 왕의 마차

인도 철학을 쓴 이들에 관해 우리가 많이 알지 못한다는 말은 대체로 옳다. 그들의 이름과 그들이 살았던 지역을 알아내거나 그들의 생몰년대를 오차 50년 이내로 확정한다면 대단한 학문적 성취로 평가받을 것이다. 그러나 '밀린다 왕의 물음'이라는 뜻의 『밀린다팡하 Milindapañha』의 경우 그런 '성취'에 이르지 못했다. 우리는 정말 거의 아무것도 모른다. 여기서 불교의 존자(尊者) 나가세나(Nagasena)는 왕과 대론(對論)하며 그의 물음에 답한다. 나가세나는 전설적 존재가 된 실존 인물일 가능성이 있다. 밀린다 왕은 알렉산드로스대왕의 정복 이후 그리스 세력이 차지한 인도 서북부의 그리스인 통치자들 중 한 명인 메난드로스(Menandros) 왕이라는 것이 통설이다. 이마저도 추정이다. 그러니 문헌으로 곧장 들어가자.

겨우 몇 줄만 읽어도 우리는 충격을 받게 된다. 앞에서 보았듯이 플라톤의 『크리톤』을 구성하는 거의 모든 요소는 대다수 독자들이 제법 친숙하게 여길 것들이다. 『기적에 관하여』에서 흄의 논변은 증언에 대한 일상의 상식적인 관찰에서 출발해 놀랍지 않은 기적의 정의를 더한 뒤, 놀라운 결론이 필연적으로 도출된다는 것을 보여줌으로써 그 결론에 도달하는 것을 목표로 삼았다. 그러나 때때로 저자들은 다른 책략을 채택해, 얼토당토않아 보이는 주장을 펼치며 준비도 안 된 우리를 곧장 깊은 물에 던져버린다. 우리는 충격을 견디고 계속 읽어나가면서 그 터무니없는 주장이 실제로 어떤 의미이고(겉으로 드러난 그대로일 수도 있고, 실은 훨씬 덜 놀라운 무언가를 말하는 색다른 방법일 수도 있다) 그런 주장을 한 이유가 무엇인지 알아내는 법을 배워야 한다. '그런 주장을 한 이유'가 중요한 두 가지를 의미한다는 데 유의하라. 하나는 저자가 그 주장을 참으로 여기는 이유이고, 다른 하나는 저자가 그 주장에 관심을 쏟는 진의(眞意)다. 이런 점들 모두가 이제 우리가 살펴볼 문헌과 밀접한 관련이 있다.

『밀린다팡하』는 처음부터 충격적이다. 회중이 모인다. 왕이 나가세나의 이름을 묻고 나가세나가 답한다. "대왕이여, 나는 나가세나라고 알려져 있습니다." 그런데 여기서 그치지 않고

"나가세나라는 이름은 명칭에 지나지 않습니다. 거기에 인격적 개체는 인정할 수 없습니다"라고 덧붙여 말한다. 대체 무슨 뜻일까? 누군가는 나가세나가 사람이고 밀린다 왕에게 자기 이름을 말했을 뿐이라고 생각할 것이다. 그러나 그 이름에 인격적 개체가 내포되어 있지 않다는 것이 곧바로 밝혀진다. 그러므로 나가세나는 어쨌든 인격적 개체가 아니며, **그**가 방금 왕에게 **그**가 어떻게 알려져 있고 **그**의 동료 비구들이 **그**를 어떻게 부르는지 말했다 할지라도 그렇다. 여기서 무슨 일이 벌어지고 있는 걸까?

이런 식의 대론에 능숙한(아울러 불교에 대한 상당한 사전지식을 갖춘) 것이 분명한 왕은 낙담하지 않고 그 이유를 밝히기 시작한다. 나가세나가 자기 자신에 대해 말하는 데 그치지 않고 자신이 주장하는 논지(그게 무엇이든)를 모든 사람에게 똑같이 적용하려는 의도임을 알아챈 왕은 고승의 견해에서 자기가 터무니없다고 여기는 결론[인격적 개체를 인정할 수 없다는 결론]을 이끌어내기 시작한다. 그 결론이 참이라면, 선행을 베풀거나 악행을 저지르는 자도 없을 것이고, 무언가를 성취하거나 무언가에 시달리는 자도 없을 것이다. 설령 살인하는 자가 있더라도 살생의 죄는 없을 것이다. 그런 다음 왕은 나가세나를 가르친 스승도 없고 비구의 계율도 없을 거라는 소소한 농담을 한다. 지금 왕의 책략은 모든 종류의 논쟁에서 흔히 쓰이는 책략이다. 우리 모두가 서슴없이 참으로 받아들이는 것들이 많이 있다. 나가세나는 진심으로 그것들이 전부 거짓이라고 말하는가? 그렇지 않고 적절히 이해한다면 그런 결론에 이르지 않는 자기 견해를 우리에게 말해줄 속셈인가? 나가세나는 결코 이 도전에 곧바로 응하지 않는다. 제1장의 끝부분에서 나가세나는 실마리를 주며, 그 실마리를 바탕으로 나가세나가 말을 했다면 어떤 말을 했을지 우리는 재구성할 수 있다. 그러나 당장은 왕이 플라톤의 대화편을 여럿 연상시키는 문답식으로 말을 이어간다.

이 맥락에서 밀린다 왕의 물음은 불교의 5온설(五蘊說), 즉 인간 존재가 다섯 가지 요소의 집합체라고 보는 견해에 따라 구체화된다. 밀린다 왕은 다섯 요소를 색(色, 물질적 형태, 즉 신체), 수(受, 쾌락과 고통 등의 감수感受), 상(想, 지각), 행(行, 정신의 능동적 작용, 이를테면 기질과 성격), 식(識, 의식)이라 부른다. 뜻을 대강 짐작한다면 지금 이 요소들이 정확히 무슨 뜻인지 고민할 필요는 없다. 요점은 **인격적 개체**가 이 요소들 중 무엇과도 동일시되지 않는다는 것이다.

우리 대다수는 잠시만 숙고해도 이 요점을 말할 수 있을 것이다. 우리는 수(受)인가? 아니다, 우리는 감정을 갖고 있으나 감정 자체는 아니다. 우리는 지각인가? 같은 이유로 아니다. 우리는 우리의 기질과 성격인가? 역시 아니다. 기질과 성격은 일정한 방향으로 행동하는 성향인데, 우리는 성향이 아니라 그런 성향을 가진 무언가다. 마찬가지로 우리는 의식이 아니다. 우리는 그게 무엇이든 의식하는 무언가다. 그렇지만 다섯번째 요소(실제로는 밀린다 왕이 처음 거론하는 요소)는 의견이 갈릴 여지가 더 많을 것이다. 물질적 요소, 즉 육체는 의식하는 것, 기질과 지각과 감정을 가진 것이 아닐까? 실제로 왕이 나가세나는 육체가 아니냐고 물었을 때, 나가세나가 그토록 빨리 아니라고 말하는 이유는 무엇일까?

누군가 여러분에게 전혀 명백해 보이지 않는 주장을 마치 아주 명백한 주장처럼 한다면, 말하지 않은 무언가가 그 주장 이면에 있는지 살펴보는 것이 좋은 책략이다. 그들은 자아, 인격적 개체가 틀림없이 더 순수하고 고상한 무언가라고 가정하고 있을 것이다. 왕이 다섯 요소에 관해 질문하기에 앞서 육체를 의도적으로 역겹게 묘사한다는 점에 유의하라. 또는 자아란 육체와 딴판으로 영원하고 변하지 않는 것, 어쩌면 육체가 죽고 나서도 살아남을 수 있는 것이라고 가정하고 있을 것이다. 이 두 가정 중 하나는 선행하는 철학적/종교적 개념에서 유래했을 것이다—곧 이 점을 다시 살펴볼 것이다. 아니면 이런 생각, 즉 물질은 그 자체로 움직이지 않는 반면(물질 한 덩어리를 놓고 그 주위에 누워 얼마나 움직이는지 지켜보라) 동물은 움직이므로 동물 안에는 자신의 물질을 움직이는 비물질적인 무언가가 틀림없이 있다는 생각에서 유래했을지도 모른다. 그것도 아니면, 물질은 설령 움직일지라도 일관되게, 지시를 받는 대로, 지능적으로 움직이지 않으므로 육체에는 이것에 지시를 내리는 무언가가 필요하다는 생각에서 유래했을 것이다.

이런 생각은 『밀린다팡하』가 쓰이기 오래전부터 흔했다. 『크리톤』에서 소크라테스가 혼의 안녕을 중시했음을 기억하라. 또는 플라톤의 대화편 『파이돈』—『크리톤』에 이어지는 대화편으로 소크라테스의 마지막 토론과 죽음을 다룬다—을 읽어라. 여러분은 "잠깐, 그건 그리스 이야기이고 이건 인도 이야기입니다"라고 말할 것이다. 옳은 지적이지만, 엇비슷한 사상이 (더 오래된) 힌두교의 브라흐마나 경전에서도 발견된다. 주지하다시피 불교는 아주 의식적으로 브라만교 전통에서 탈피했다. 그러나 주요 논쟁점은 동물 희생제와 카스트제도(불교가 극단적인 형태의 모든 고행과 더불어 포기한 것들)였으므로, 브라만교 전통의 상당 부분이 그대로 남아 불교의 배경을 이루었다. 번뇌를 겪으며 윤회전생한다는 생각과 윤회에서 벗어나 해탈(불교의 '니르바나'와 힌두교의 '모크샤')에 이르려는 소망은 두 종교에서 공히 나타난다.

이런 점들을 알면 나가세나가 일련의 물음에 곧장 "아닙니다, 대왕이여"라고 답하는 이유를 이해하는 데 조금은 도움이 될 것이다. 그러나 우리가 바라는 만큼 도움이 되지는 못하는데, 왕의 마지막 물음에 나가세나가 똑같이 아니라고 말하는 이유에 대한 실마리, 즉 나가세나가 '5온'과 다른 어떤 것인지 아닌지에 대한 실마리를 주지 않기 때문이다. 나가세나가 다른 무언가라면, 우리는 그가 "그렇습니다, 나가세나는 육체를 떠난 후에 다른 육체에 깃들 수 있고, 지금 특정한 감정과 지각을 가질 수 있고, 미래에 전혀 다른 감정과 지각을 가질 수 있는 무언가입니다"라고 말하리라 예상할 것이다. 그러나 나가세나는 다시 한번 아니라고, 나가세나는 5온과 다른 어떤 것이 아니라고 답한다. 그러므로 수수께끼는 해명되지 않는다. 밀린다 왕의 다음 발언 역시 수수께끼 같다. 왕은 분명 "나가세나는 존재하지 않는다"라는 거짓을 말했다는 이유로 존자를 책망한다. 그러나 나가세나는 그렇게 말한 적이 없다. 오히려 논의를 촉발한 것은 '나가세나'라는 인격적 개체가 없다는 그의 난해한 발언이었다.

여러분이 이따금 마주치는 이런 난제를 얼버무리려는 사람은 형편없는 안내자일 것이다. 이 단계에서 우리에게는 얼마간 창의적인 독해가 필요하다. 이를테면 이런 식이다. 우리는 왕이 그저 혼란에 빠져 논의의 흐름을 놓쳤다고 생각해야 하는가? 아니면 왕은 인격적 개체가 없음을 믿지 못하고, 그래서 자기 물음들 중 적어도 하나에는 나가세나가 '그렇습니다'

라고 답했어야 한다고 생각하며, 나가세나가 모든 물음에 '아닙니다'라고 말했으므로 적어도 답변 하나는 틀림없이 거짓이고 그런 의미에서 "존자여, 당신은…… 거짓을 말씀하셨습니다"라고 말한다고 생각해야 하는가? 이 둘 중에(여러분은 또 다른 가능성이 있다고 생각하는가?) 나는 후자를 택하겠다. 제1장 전체를 읽고 나면 왕이 자아의 본질을 잘못 이해하고 있고 나가세나가 그 오해를 바로잡아준다는 생각이 드는데, 후자가 이 생각과 더 잘 들어맞는다.

존자는 (스스로를 애지중지하는 밀린다 왕의 생활방식을 잠시 타박한 뒤) 왕이 물었던 질문들과 동일한 일련의 질문들을 왕의 마차에 관해 되물음으로써 왕의 오해를 바로잡는다. 이 전통은 직유와 유사점, 유비를 끊임없이 활용한다. 듣는 이들은 그들이 난제라고 여기는 어떤 것이 그들에게 익숙한 다른 어떤 것과 비슷하거나 같은 종류라는 점을 알아차림으로써 그것을 편안하게 느끼게 된다. 여기서 기대되는 바는, 왕이 마차에 관한 모든 물음에 '아닙니다'라고 답하고 나면, 인격적 개체에 관한 자신의 모든 물음에 나가세나가 똑같이 '아닙니다'라고 답할 수 있었던 이유를 깨달으리라는 것이다.

실제로 제1장 끝에 이르러 왕은 그 이유를 깨닫는다. 그러나 우선 나는 이 문헌 자체만 연구해서는 밝혀낼 수 없으나 밀린다 왕의 학식과 지성에 익숙했던 모든 사람에게 분명히 영

6과 7. 마차 그림. 인도의 대서사시 「마하바라타」의 유명한 장면에서 전사 아르주나는 크리슈나를 마부—그저 운전수가 아니라 도덕적 인도자!—로 두고 있다. 그리스 그림에서는 아테나 여신이 보살피는 가운데 영웅 헤라클레스가 고삐를 쥐고 있다.

향을 끼쳤을 무언가를 지적하고 싶다. 마차를 인격적 개체와 유사한 사례로 활용함으로써 나가세나는 그들의 철학 문화 내부에서 잘 알려진 은유를 강하게 연상시키는 동시에 깜짝 놀랄 만큼 그 은유와 상충되는 어떤 일을 하고 있다.

플라톤이 자아를 마차에 비유한 것은 유명하다. 이보다 한참 전에 인도 전통에서 『카타 우파니샤드Katha Upanishad』가 동일한 비유를 했다(참고문헌 참조). 이제 나가세나 차례일까? 글쎄, 꼭 그런 것은 아니다. 『밀린다팡하』의 저자는 자신이 바로 이 전통에 반대한다는 것을 강조하기 위해 이 전통을 넌지시 언급하는 듯하다. 플라톤의 대화편〔『파이드로스』〕에서 우리는 순종하는 말(이성)과 반항하는 말(욕구)을 통제하려 애쓰는 마부에 관해 읽는다. 『카타 우파니샤드』는 자아를 마차에 타고 있는 사람에 비유하고 지성을 감각기관들, 즉 말들을 모는 마부에 비유한다. 나가세나는 말을 언급하지 않는다. 더욱 중요한 점은 나가세나가 마부와 구별되는 마차 탄 사람만이 아니라 마부까지 언급하지 않는다는 사실이다. 나가세나가 반발하는 그림이 바로 그런 그림이다. 나가세나는 지시하거나 감독하는 영원한 존재, 즉 자아가 없다는 입장이다. 이 저자는 신성시되는 마차 비유를 활용하지만 다른 방식으로 활용함으로써 자신의 견해를 표명함과 동시에 자신이 속한 문화 집단에 자신이 반대하는 바로 그것을 알리고 있다.

이제 존자는 정확히 똑같은 방식으로 왕에게 질문을 한다. “굴대가 마차입니까? …… 바퀴가 마차입니까?” 밀린다 왕은 거듭 “아닙니다”라고 답한다. 이런 답변들은 놀랍지 않다. 그러나 나가세나의 답변들도 별로 놀랍지 않았지만 마지막 답변은 그렇지 않았던 것과 마찬가지로, 밀린다 왕의 답변들 가운데 **하나**는 거의 모든 독자의 눈썹을 들어올릴 것이다. 그렇지만 이번에는 마지막 답변이 아니라 마지막에서 두번째 답변이 놀랍다. 나가세나는 그렇다면 마차가 “채, 굴대, 바퀴, …… 고삐, 채찍을 모두 합한 것”인지 묻는다. 우리 대다수는 이렇게 말할 것이다. “그렇습니다. 우리가 말하는 이 부분들이 아무렇게나 쌓여 있지 않고 **적절한 구조**를 이루고 있다면, 그게 바로 마차입니다.” 그러나 밀린다 왕은 “아닙니다, 존자여”라고 말할 뿐이다.

머지않아 우리는 어지간히 이상한 이 답변 이면에 무엇이 있는지 알아볼 것이다. 당분간은 왕이 모든 물음에 ‘아닙니다’라고 답함으로써 스스로 나가세나의 입장과 동일한 입장을 취했다는 것만 알아두자. 나가세나는 곧바로 아까 들었던 말을 밀린다 왕에게 고스란히 되돌려준다. “그렇다면 그대가 타고 왔다는 마차는 어디에 있습니까? 대왕이시여, 그대는 거짓을 말씀한 셈입니다.” 밀린다 왕의 수행원들까지 이 말에 호응한다. 그러나 왕은 굴복할 마음이 없다. 왕은 “채, 굴대,

…… 채찍 따위를 가지고 있기 때문에 '마차'라는 명칭이 존재"하므로 자기 말이 거짓이 아니라고 말한다. 나가세나는 바로 그렇다고, '나가세나'도 5온을 가지고 있기 때문에 존재하는 명칭일 뿐이라고 답한다. 그러고는 바지라(Vajira) 비구니의 시구를 인용한다.

> 마치 부분들이 올바로 배치될 때
> '마차'라고 불리듯이,
> 다섯 가지 요소가
> 존재할 때
> '존재'라고 부르는 관습도 생기노라.

제1장은 왕이 깊은 감명을 받으면서 행복하게 끝난다. 그러나 (여러분은 묻고 싶을 것이다) 왕과 나가세나는 정확히 어떤 점에 동의했는가? '마차', '자아', '인격적 개체', '존재', '나가세나'가 관습적인 낱말이라는 데 동의했는가? 그러나 모든 낱말은 관습적이지 않은가? 영어의 'cow'든 프랑스어의 'vache'든 폴란드어의 'krowa'든 지역 관습에 좌우되지 않는가? 왕과 나가세나가 우리에게 그 이상을 말하고 있는 것이 확실한가?

정말 그들은 그 이상을 말하고 있다. 지금 관건은 언어의 관습성이 아니다. 그들은 전체와 그 부분들에 관해 이야기하고 있으며, 요점은 전체가 어떤 의미에서는 전체를 이루는 부분들보다 덜 실질적이고 덜 객관적이며 관습의 문제에 더 가깝다는 것이다. 우선 부분들은 전체와는 다른 방식으로 독립적이다. 마차가 존재하지 않아도 굴대는 존재할 수 있지만, 굴대가 없으면 마차는 존재할 수 없다. (독일 철학자 고트프리트 빌헬름 라이프니츠(Gottfried Wilhelm Leibniz, 1646~1716)가 후대에 말했듯이, 전체는 부분들의 실체로부터 '빌려온' 실체만을 가지고 있다.) 더욱이 무엇을 전체로 간주할지 결정하는 일은 대상의 본성이 아니라 우리 자신과 우리의 목표에 어느 정도 달려 있다. 우리가 마차에서 채와 바퀴 하나를 없애고 남는 부분들의 집합은 그 자체로 불완전한 것이 아니라, 우리가 원하는 마차와 비교할 때만 불완전한 것이다.

그런데 이 모든 논의는 어째서 중요한가? 우선, 나가세나는 왜 이 대화를 유도했는가? 분명 시간을 때우기 위해서는 아닐 것이다. 이 점은 나가세나에게 중요한데, 그는 우리가 믿는 것이 우리의 태도에 영향을 미치고 태도를 통해 우리의 행동에도 영향을 준다고 생각하기 때문이다. 이것은 분명 완벽하게 합리적인 생각이다. 예를 들어 '신'이라는 낱말이 실질적인 권능을 나타낸다고 믿는 사람은 신이 사회적으로 구성된 말에 불과하다고 생각하는 사람과 다르게 느끼고 아울러 다르게 행동할 것으로 기대된다. 전문용어를 사용하자면, 우리의 형이상학(실체가 근본적으로 어떠하다는 우리의 생각)은 우리의 윤리에 영향을 끼칠 수 있다. 불교도의 관점에서 보면 철학의 목표(실은 불교의 목표)는 번뇌를 제거하는 것이다. 이 목표에 이바지하지 못한다면 철학은 의미가 없다. 그리고 번뇌의 주요 원인은 자아의 중요성과 욕구, 목적에 대한 과대평가, 다시 말해 불교도들이 말하는 '자아에 대한 집착', 즉 아집이다. 그러므로 우리 눈에 비친 자아의 지위를 떨어뜨리는 믿음의 변화는 어떤 변화든 도움이 된다. 티베트의 어느 문헌에는 이렇게 쓰여 있다. "자아가 영속하는 개별적인 것이라고 믿는 자는 자아에 집착하게 된다. …… 이 집착은 번뇌를 낳고, 번뇌는 악업을 낳고, 악업은 비애를 낳는다……." 이것이 왕과 나가세나의 논의가 중요한 이유다.

나가세나는 이 장에서 자기 주장을 입증했다고 말할 수 있을까? 나가세나는 영속적인 자아란 없고 편리하게 인격적 개체라 불리는 불안정한 합성물만 있다는 것을 실제로 보여주었는가? 분명 그렇지 않다. 설령 나가세나와 밀린다 왕이 마차에 관해 말하는 모든 내용을 우리가 받아들인다 해도, 마차 비유는 인격적 개체에 관해 생각할 때 의지할 수 있는 비유이지만 인격적 개체 자체에 관해 나가세나는 아무 말도 하지 않는다고 주장해야 할 것이다. 그러므로 대다수 비유와 마찬가지로 이 비유도 자아에 관한 교의가 무엇을 뜻하는지를 예를 들어 설명하거나 해명하는 데는 유용하지만, 그 교의가 참임을 입증하는 데는 유용하지 않다. 또한 우리는 왕의 결정적인 마지막 물음, 영속적인 자아를 지지하는 사람이라면 '그렇습니다'라고 답할 물음, 즉 "나가세나는 이들 색(色), 수(受), 상(想), 행(行), 식(識)을 제외한 어떤 것입니까?"라는 물음에 나가세나가 결정적인 대답("아닙니다, 대왕이여")을 내놓은 이유를 듣지 못했다.

그러므로 우리의 잠정적인 판정은 '입증되지 않음'이어야 한다. 그러나 우리는 이 물음("나가세나는 자기 주장을 입증했는가?")이 물어야 할 적절한 물음인지 자문해야 할 것이다. 우리가 자아의 본질에 관해 고민하는 중이라면 적절한 물음일 것이다. 그러나 우리가 읽은 『밀린다팡하』 제1장에서 전개되는 논의를 이해하려는 중이라면 그렇지 않을 것이다. 『밀린다팡하』가 우리에게 구루(guru), 즉 권위 있는 영적 스승을 전해준 전통의 한 갈래임을 기억하라. 나가세나가 보기에 자신이 옹호하는 권위는 궁극적으로 붓다의 설법일 것이다. 나가세나 자신의 소임은 올바른 교의를 생생하고 기억에 남는 말로 전달하는 것이다. 설득력 있는 논리는 데이비드 흄 같은 저자에게 요구하는 편이 가장 좋다. 그런 요구를 충족시키기 위해 진정으로 노력하고 있기 때문이다.

일부 독자들은 마음을 졸이고 있을지도 모르겠다. 불교도들은 대다수 힌두교도들과 마찬가지로 환생을 믿는다. 현재 달라이 라마는 환생한 그의 전임자다. 그러나 '5온'을 제외한 자아가 없다면, 다시 태어나는 것으로 무엇이 있으며 한 육체에서 다음 육체로 옮겨가는 것은 무엇인가? 불교도들은 이 두 가지 교의를 어떻게 조화시켰는가? 여기서 내가 말할 수 있는 것이라곤 그들이 이 문제를 충분히 의식했다는 것뿐이다. 이 문제는 훨씬 거대한 불교 형이상학으로 이어지는데, 너무도 짧은 우리 여정 중에는 그 형이상학에 발을 들여놓을 겨를조차 없다. 그러나 여러분 수중에 참고문헌에서 추천한 『밀린다 팡하』 판본이 있다면 58~59쪽을 펴고 '윤회와 환생' 절을 읽어라. 맛이라도 보라는 말이다.

제 5 장

몇 가지 주제

이제까지 살펴본 세 가지 사례는 나수의 일반적인 주제들, 즉 중요성 면에서 그 어떤 단일한 문헌이나 학파, 기간도 훌쩍 넘어서는 사상들과 관련이 있다. 나는 그중 6개를 골라 특별히 주목할 것이다. 어떤 문제를 그것이 제기되고 (어쩌면) 답변된 특정한 역사적 맥락에서 떼어낸 채로 과연 어느 정도나 타당하게 고찰할 수 있느냐 하는 것은 그 자체로 철학적 문제이며 결코 간단하지 않은 문제다. 나는 이 장의 마지막 절에서 이 문제에 관해 무언가 말할 것이다.

윤리적 결과주의

이 절의 제목에 놀라지 마라. 이 제목은 어떤 것이 얼마나 좋거나 나쁜지를 그 결과를 보고 판단해야 한다는 학설의 이름에 지나지 않는다. 앞에서 보았듯이 『크리톤』에서 소크라테스는 자신에게 열린 행동의 결과들, 즉 친구들에게 닥칠 결과, 자식들에게 닥칠 결과, 자신에게 닥칠 결과를 따져보고 있었다. 그러나 소크라테스는 미래에 나타날 결과만이 아니라 과거에 일어났던 일까지 고려했다. 소크라테스의 과거 행위는 지금 그에게 판결과 처벌을 받아들일 것을 요구하는 국가에 그가 의무를 지고 있음을 뜻했다. 나는 제2장 끝부분에서 철학자들이 도덕적 문제를 해소하려면 우선 도덕적 문제가 실제로는 겉보기보다 덜 복잡하다는 점을 우리에게 납득시켜야 할 거라고 말했다. 그런 시도 중 하나가 결과주의다. 과거를 돌아보는 도덕적 근거는 **없으며** 타당한 도덕적 근거는 모두 행동의 **결과**를 고려한다는 입장이다.

요컨대 어떤 것은 그 결과가 좋으면 좋고 결과가 나쁘면 나쁘다는 생각이다. 그러나 여러분은 이 생각이 말해주는 바가 많지 않음을 즉각 알아챌 것이다. 여전히 우리는 어떤 결과가 좋은 결과이고 어떤 결과가 나쁜 결과인지 들어야 한다. 단순히 공식을 되풀이해서는(결과는 그 결과가 좋을 때 좋다고 말하는 식으로) 우리를 전진시키지 못한다. 결과주의자는 특정한 것

또는 특정한 상태를 **그 자체로** 좋은 것으로 기꺼이 권할 것이다. 그런 특정한 것이나 상태의 좋음은 그 결과가 좋은지 여부에 달려 있지 않다. 그것들은 그 자체로 좋다. 다른 것들은 그 자체로 좋은 것들로 귀결되는 만큼만 좋다.

이것은 결과주의가 단일한 윤리적 학설이 아니라 그 자체로 좋은 것을 무엇으로 보느냐에 따라 상이한 형태들을 취할 수 있는 일반적인 학설 유형임을 의미한다. 그 자체로 좋은 유일한 것이 쾌락이라고 생각하는 사람은 그 자체로 좋은 유일한 것이 지식이라고 생각하는 사람과는 딴판으로 살아갈 것이다. 그러므로 설령 우리 모두가 윤리적 사고라는 면에서 결과주의자라는 데 동의할 수 있다 해도, 윤리적 논쟁은 거의 해소되지 않을 것이다.

여러분은 우리가 왜 그토록 배타적이어야 하는지 의아해할지도 모른다. 무엇보다 쾌락, 지식, 아름다움, 사랑 같은 많은 것들이 그 자체로 좋지 못할 이유가 무엇인가? 아주 타당한 주장처럼 들린다. 그러나 우리가 바라는 것이 무엇을 해야 하느냐는 문제를 상당히 단순하게 바꿔줄 도덕 이론이라면, 이 주장은 잘못된 방향으로 많이 나아간 것이다. 일단 근본적인 가치를 하나 이상 고려하자는 데 동의하고 나면, 때때로 가치들이 불가피하게 충돌할 것이다. 나는 수시로 한 가치나 다른 가치를 장려할(즉 **그런** 유의 결과를 낳는 일을 할) 수 있을 테지만, **두 가치를 모두 장려하지는 못할 것이다**. 그럴 때 나는 어떤 선택을 내려야 할까? 소크라테스가 친구들을 위험에 빠뜨리는 경우와 자식들의 교육에 해를 입히는 경우 가운데 하나를 선택해야 했다면, 어느 쪽을 선택해야 했을까? 그런 선택을 내리지 않았으니 소크라테스는 얼마나 행운아인가! 우리가 하나의 근본적인 가치에 합의하고 그 하나로 귀결되는 정도에 따라 다른 모든 것을 평가할 수 있다면 얼마나 좋겠는가.

그러므로 바로 이런 유의 윤리 이론들이 있어왔다는 사실에 놀라지 마라. 그중 읽어볼 가치가 있는 초기 이론은 에피쿠로스(Epicurus, 서기전 341~271)의 이론이다. 에피쿠로스와 그 추종자들에게 그 자체로 가치 있는 단 한 가지는 쾌락이었다. 그러나 에피쿠로스가 술잔치와 연회를 즐기고 간간이 여러분이 소유한 섬의 해변에서 쉬는 쾌락을 권했을 거라고 예상하지 마라. 에피쿠로스가 말한 쾌락은 그런 것과 거리가 먼 신체적·정신적 **고통의 부재**였기 때문이다. 아무런 괴로움도 없는 이 상태가 다른 어떤 쾌락 못지않게 강한 쾌락이라고 에피쿠로스는 생각했다. 우리가 곧장 떠올리는 쾌락은 에피쿠로스가 말한 쾌락보다 더 즐겁진 않더라도 그와는 정말 다른 쾌락이다. 이 점을, 그리고 이상적인 상태를 성취하고 유지하는 방법에 대한 조언을 에피쿠로스는 섬세하고 지혜롭게 주장했던 것으로 보인다. '보인다'라고 말한 이유는 에피쿠로스가 직접

8. 에피쿠로스 대리석 두상. 영국 박물관 소장.

전해준 말이 거의 남아 있지 않기 때문이다. 에피쿠로스가 다작을 했음에도 그에 대한 우리의 지식은 대부분 후대의 보고를 통해 얻은 것이다.

이런 유에 속하는 근대적이고 더 접근하기 쉬운 이론은 존 스튜어트 밀(John Stuart Mill, 1806~1873)이 에피쿠로스를 자신의 철학적 선조들 중 하나로 꼽은 유명한 에세이 『공리주의 Utilitarianism』에서 제기되었다. 밀은 그 자체로 가치 있는 한 가지가 행복이라고 선언했다. 그리고 행복을 "쾌락과 고통의 부재"라고 규정했다(그렇지만 에피쿠로스처럼 모든 고통의 부재 자체가 최고의 쾌락이라고 생각하진 않았다). 그러나 밀과 에피쿠로스 사이에는 중대한 차이가 있다. 에피쿠로스는 개인들에게 **그들 자신**의 쾌락/평정을 얻는 최선의 방법을 조언하려 했던 것으로 보이는 반면에, 밀은 **모두**의 삶의 개선(즉 행복)을 윤리적 원칙의 목표로 삼은 사회개혁가였다. (이와 비슷한 구별이 불교 역사에서도 발견된다. 최고의 이상은 개인이 열반에 이르는 것인가 아니면 자신을 포함해 모든 존재를 열반으로 이끄는 것인가?) "모든 사람을 고통과 근심에서 벗어나게 하라"라고 에피쿠로스주의는 말한다. 그렇지만 "당신 주변 사람들이 고통과 근심에서 벗어나도록 돕는다면 당신 자신이 벗어나는 데에도 도움이 될 것이다. 그렇다면 그들을 도와라"라고 덧붙여 말할 수도 있을 것이다. 이와 달리 밀의 주된 목표는 아주 일반적인 행복이다. 따라서 다른 사람의 행복은 당신 자신의 행복만큼이나 당신의 목표이고, 한 사람의 행복과 다른 사람의 행복은 그 가치가 동일하다.

밀의 염원은 자신이 속한 사회를 훌쩍 넘어섰다. 밀은 인류 전체의 조건을 개선하자는 글까지 썼다. 그 사회는 빅토리아 시대 영국이었고, 당시 영제국은 전성기를 한창 구가하고 있었다(밀 자신이 30년 넘게 영국 동인도회사에서 일했다). 그러나 밀을 간섭하기 좋아하는 도덕적 제국주의자로 간주한다면 부당한 평가일 것이다. 밀은 누군가에게 행복해지는 법을 알려주려 하지 않았다. 각자 자신의 행복을 자신의 방식으로 알아낼 수 있도록 모두에게 물질적 재화와 교육, 정치적·사회적 자유를 제공해야 한다고 말했을 뿐이다. 많은 이들은 밀의 근본적인 윤리적 원칙의 이런 보편성에 탄복할 것이다. 반면 다른 이들은 사람들에게 도덕적 관심을 그토록 넓고 그토록 공평하게 확장하도록 요구하는 것이 과연 현실적일지 의심할 것이다. 우리에게 그럴 역량이 있을까? 우리가 정말로 그렇게 노력한다면 삶이 어떻게 될까?

이런 의문들, 특히 두번째 의문으로 말미암아 철학자 몇몇은 밀의 학설이 거의 모두에게 아주 중요한 또다른 가치와 상충된다고 생각하게 되었다. 우리는 이미 『크리톤』에서 그렇게 생각하는 사례를 살펴보았다.

통합성

소크라테스가 자신이 재판에서 택한 노선을 중시했음을 여러분은 기억할 것이다. 사형 외에 다른 처벌을 제시할 기회를 얻었을 때 그 선택지를 확실히 거부한 마당에 소크라테스가 어떻게 탈출을 선택할 수 있었겠는가? "내게 이런 운명이 닥쳤다고 해서 내가 이전에 말한 원칙들을 지금 내던져버릴 수는 없네."〔『크리톤』 46b〕 과거에 군인으로서 자신은 올바르지 못한 일을 하기보다 죽음을 마주했다고 소크라테스는 법정에서 말했다. 소크라테스가 그저 연명하기 위해 자신에게 올바르지 않아 보이는 행동을 하는 일은 없을 것이다.

이런 생각은 통합성(integrity)이라는 덕의 핵심 측면을 포착하고 있다. 통합성이라는 가치의 관념은 일련의 단절된 사건들이 아니라 하나의 전체로서 살아가는 삶이라는 관념이다. 그러므로 통합성에는 새로운 근거나 증거가 나타나지 않는 한 기존의 원칙과 견해를 확고부동하게 고수하는 태도가 포함된다. 이와 관련된(그리고 소크라테스의 경우에도 똑같이 적용할 수 있는) 가치, 즉 자기 삶에 목표와 의미를 주는, 자신이 선택한 계획을 꾸준히 추구하는 활동의 가치도 통합성에 포함된다. 반면에 이런저런 방식으로 스스로와 불화하는 상태인 자기기만과 위선은 통합성에서 배제된다.

그렇다면 통합성의 이상은 어떻게 밀의 공리주의와 편안하게 어우러지는가? 어떤 이들은 전혀 어우러지지 않는다고 생각한다. 과거에 여러분이 어떤 원칙에 아무리 진실하게 헌신했더라도, 그 사실 자체가 지금 또다시 그렇게 행동할 이유가 되는 것은 아니기 때문이다. 밀의 입장을 진지하게 문자 그대로 받아들이면 이렇다. 과거에 그 원칙에 대한 헌신이 시종일관 (행복을 척도로 삼아 평가했을 때) 좋은 결과로 이어졌다면, **그 사실**은 적어도 또다시 그렇게 행동할 어떤 이유가 된다. 다시 말해 지금 그렇게 행동할 이유가 **된다**. 그러나 그 원칙에 대한 여러분의 헌신은 아무리 진실하고 아무리 여러분 인성의 한 부분이 되었다 해도, 그런 이유가 되지 못한다. 공리주의를 비판하는 이들은 우리가 정말 이런 사고방식으로 살아갈 수 있는지 의심한다.

여러분은 공리주의자들이 이런 비판에 맞서 스스로를 변호할 수 있을지를 따져보고 싶을 것이다. 그들이 변호하지 못한다면, 그들만이 아니라 결과주의자에 속하는 다른 대다수 유형들 역시 상황이 나빠 보인다. 앞문단에서 중요했던 것은 행복을 척도로 결과를 평가한다는 생각이 아니었기 때문이다. 나는 논증에 영향을 끼치지 않고도 '행복' 대신 그 무엇이든 써넣을 수 있었을 것이다. 따라서 이 비판은 정말로 결과주의—공리주의는 결과주의의 한 변형에 지나지 않는다—에 대한 공격이다. 이 공격이 통한다고 생각하는 모든 사람은 한 행위의 결과란 (기껏해야) 그 가치의 한 측면일 뿐이고, 그 행위가 올바른지 여부를 결정하는 과정은 유형이 서로 완전히 다른 요인들을 주관적으로 절충하는 일을 수반한다는 것을 인정해야 한다.

정치적 권위 — 계약 이론

국가는 국민들에게 사사로운 개인이 그렇게 한다면 몹시 불쾌할 법한 요구를 한다. 일례로 세금을 요구한다. 여러분이 내 소득의 일정 비율을 감히 빼앗으려 한다면 갈취죄나 '공갈죄' 판결을 받을 상황에서 국가는 빼앗아가도 되는 이유는 무엇인가? 국가는 그냥 처벌을 면하는 것인가? 그 일대에서 단연 위협적인 존재라는 이유로?

오늘날 대다수 정치 이론가들은 국가가 정당한 권위를 어느 정도 지닌다고 생각한다. 그러나 국가가 그 권위를 얼마나 지니는지에 관해서는 의견이 갈린다. 달리 말해, 국가가 정당성을 유지하면서 그 권위를 얼마나 확장할 수 있는가를 두고는 의견이 분분하다. 개개인의 삶의 모든 측면을 지배하는 권력을 국가에 부여하는 전체주의적 국가관부터, 국가는 평화를 유지하고 국민들이 서로 맺는 계약이 지켜지도록 하는 데 필요한 일만 할 수 있을 뿐이지 그 이상 해도 되는 일은 거의 없다고 주장하는 최소 국가관에 이르기까지, 정치 이론가들의 의견은 천차만별이다. 그러나 이 스펙트럼을 벗어나는 극소수("국가에는 적법한 권위가 전혀 없다")를 빼면, 모든 사람은 개개인에 대한 국가의 권위가 어떻게 생기느냐는 물음을 마주하고 있다.

역사가 오랜 답변—우리는 이미 『크리톤』에서 이 답변의 한 형태를 살펴보았다—은 국민으로서의 개인들과 국가가 맺는 일종의 계약이나 합의에서 국가의 권위가 생겨난다는 것이다. 이것은 아주 자연스러운 답변이다. 어떤 사람이 (일정한 활동 영역에서) 다른 사람의 권위를 인정하는 이유는 그렇게 인정하는 편이 (그 자신에게) 상당히 이롭다고 생각했기 때문일 것이다. 이 두 사람이 자발적으로 합의에 도달했다면, 그 합의가 한 사람에 대한 다른 사람의 권위를 정당화한다는 것을 대다수 사람들은 인정할 것이다. 그러나 자연스럽기는 해도 이 답변이 고찰할 가치가 있는 유일한 답변은 아니다. 또다른 답변은 강자가 약자에 대해 자연스러운 권위를 갖는다는 것이며, 이 권위는 약자의 이익을 위해 쓰이는 한 정당화된다. 예를 들어 갓난아이에 대한 부모의 권위를 떠올리면 좋겠다. 그렇지만 그 권위가 이로운지 여부를 약자더러 판단하라고 한다면, 우리는 받아들여지기 때문에 권력이 정당하다고 말하는 것이나 마찬가지가 된다. 그 결과 우리는 소크라테스에 맞서 아테나이의 법률과 국가가 주장한 것(41쪽 참조)과 비슷한 '묵인' 이론 근처로 되돌아가게 된다. 우월한 힘이 권위를 정당화한다('힘이 곧 정의다')거나 신이 특정한 사람이나 단체에 권위를 부여했다('왕권신수설')는 것을 우리가 인정하지 않는다면, 이런저런 형태의 계약 이론을 회피하기가 쉽지 않다.

"누가 어떤 계약을 누구와 맺는가?"라는 물음에 대한 답이 무척 다양하기 때문에 계약 이론에는 몇 가지 형태가 있다. 국가에 대한 모든 개인의 의무에 관해 이야기하는 중이었으므로, 우리는 응당 모든 사람이 따로따로 계약의 당사자여야 한다고 추정할 것이다(이런 추정은 『크리톤』에서 소크라테스의 접근법의 취지처럼 보일 것이다). 그러나 일부 이론가들은 마치 누군가의 조상들이나 사회의 창건자들이 계약의 당사자였던 것으로 충분하다는 듯이 쓴다. 그런데 이 물음은 차치하고라도, 그 계약을 사회 전체와 맺은 것은 맞는가?(그래서 여러분을 포함하는 사회 전체의 결정에 동조하기 위해 여러분이 계약을 맺는 것인가?) 아니면 어떤 특별한 주권자나 주권자들과 계약을 맺고 나서 여러분이 충성할 의무를 지는 것인가? 이런 물음들에 어떻게 답하느냐에 따라 사회민주정부터 절대군주정에 이르기까지 정체가 어마어마하게 달라질 수 있다는 것을 여러분은 알아챌 것이다.

그렇다면 계약이란 무엇인가? 개인은 어떤 상황에서 계약

이 소멸되었다고 타당하게 간주할 수 있는가? 제8장에서 다시 살펴볼 토머스 홉스(1588~1679)의 유명한 계약 이론에 따르면, 계약을 맺는 개인이 정당하게 요구할 수 있는 유일한 이익은 자기 생명의 보존이다. 주권자는 살인과 절도를 저지르는 계약 이전의 무법 상황을 중단시키고 외부의 공격에 맞서 방어 태세를 갖춘다. 주권자가 이 일에 실패하면 계약은 무효가 된다. 그렇지 않고 성공하면 개개인은 주권자에게 완전히 복종해야 한다.

에피쿠로스는 지금 논의와 관련 있는 말을 했다. "외부의 적에 대한 두려움에 어떻게 대처해야 하는지 가장 잘 알았던 사람은 자신이 장악한 모든 피조물을 한 가족으로 만들었다." 홉스마저도 가족이 '만인 대 만인의 투쟁'의 자연스러운 예외임을 인정했다. 힘겨운 시절에 가족은 똘똘 뭉칠 확률이 가장 높은 집단이자 협력과 충성의 귀감이다. (일부 독자들은 이것을 시대에 뒤떨어진 생각으로 여길 것이다. 그러나 지금 더 편한 시절에 더 편한 곳에서 살기 때문에 그렇게 여기는 것인지도 모른다.) 플라톤은 (대화편 『국가』에서) 이상국가를 위한 처방을 내리며 사실상 가족을 폐지한다. 플라톤은 가족이 중심이 된 음모와 부패를 자주 목격했던 것이 분명하다. 국가 안에 응집력 있는 단위가 복수로 존재하는 상황은 권력과 평화를 유지하는 국가의 역량을 틀림없이 위협한다. 국가 안에 가족이 있어야 한다면

"You promised you'd take me to throw rocks at the Cro-Magnons!"

9. 상대가 가족만 아니라면, 무슨 짓이든 저지를 수 있다. 홉스의 자연상태인가?

"같이 가서 크로마뇽 놈들에게 돌을 던지게 해주겠다고 약속했잖아요!"

(에피쿠로스의 발언이 함축하듯이) 하나만 있는 상황, 그리고 국가를 모든 사람의 부모로 생각하는 상황(『크리톤』 50e 참조)이 가장 좋다.

증거와 합리성

여러분에게 어떤 추론 능력이 있다면, 다시 말해 참인 것들이 주어졌을 때 참일 가능성이 있는 다른 것들을 알아내는 능력, 그리고 (더 높은 수준의 합리성이 필요하긴 하지만) 그것들이 참일 가능성이 얼마나 큰지 알아내는 능력이 있다면, 여러분은 합리성을 갖춘 것이다. 흄이 『기적에 관하여』에서 현명한 자들은 증거에 비례하여 믿음을 조절한다고 말했을 때 염두에 두었던 정신의 특성이 바로 합리성이다.

그렇지만 적당히 자신하며 올바른 믿음을 형성한다는 것이 합리성의 유일한 징표는 아니다. 어떤 것이 참인지 아닌지 알고 싶은 익숙한 상황("집사가 범죄를 저질렀나?", "집에 빵이 있나?")에서 여러분의 합리성은 여러분의 믿음으로 나타나는 것 못지않게 여러분이 찾는 증거로도 나타날 것이다. 또 우리는 조사하는 능력뿐 아니라 합리적인 선택을 내릴 능력도 갖추고 있다. 다시 말해 우리는 어떤 욕구가 있을 때 그 욕구의 충족으로 귀결될 가능성이 큰 행동 방침을 선택할 수 있다. 그리고 논쟁의 여지가 있긴 하지만 우리의 이성은 더러 그 이상의 역할을 하기도 한다. 다시 말해 특정한 목표들이 **주어졌을 때**, 이성은 무엇을 해야 하는지 말해주는 데 그치지 않고 무엇을 목표로 삼아야 하는지까지 말해준다. 이 까다로운 문제의 양편에는 각각 쟁쟁한 철학자가 있다. 한편에 있는 칸트는 이성에 그런 능력이 있다고 단언하고 반대편의 흄은 없다고 주장한다. (내 생각에는 흄과 그 추종자들이 조금 우위에 있으나 전투는 계속 진행 중이다.) 그러나 여기서는 믿음과 증거라는 쟁점에 국한하기로 하자.

우리가 믿음을 뒷받침할 증거를 얻거나 근거를 제시할 수 있어야 하는 이유는 무엇인가? 그래야 우리 믿음이 참일 가능성이 커지고, 믿음이 참임을 우리가 더 자신하게 되기 때문이다. 이 두 가지 다 중요하다. 우리는 믿음이 참이기를 바라는데, 믿음에 근거해 우리 행동을 지시하고 참된 믿음의 지시를 받는 행동이 전체적으로 보아 훨씬 성공적이기 때문이다. (똑같이 맥주를 원하는 두 사람의 다음 행동과 성공률을 비교해보라. 한 사람은 맥주가 냉장고에 있다고 틀리게 믿고 있고, 다른 사람은 맥주가 여전히 차에 있다고 옳게 믿고 있다.) 그리고 참된 믿음을 자신 있게 믿는다면 우리에게 도움이 되는데, 그럴 때 주저하지 않고 믿음에 근거해 전진하고 행동하기 때문이다.

이런 점들은 우리에게 줄곧 영향을 미치는 실천적 고려사항들이다. 우리의 철학적 자아상과 관계가 있는 이론적 고려 사항들도 있을 것이다. 우리(역사의 특정한 시기에 우리 중 일부)는 우리 자신이 본질적으로 이성적인 존재이며 우리 삶에서 이성이 단연 중심적인 역할을 한다고 생각하고 싶을 것이다. 오랫동안 철학자들은 인간과 다른 동물들을 구별하는 결정적인 특징으로 합리성을 꼽았다. (흄은 『기적에 관하여』 바로 앞에 수록된 『동물의 이성에 관하여Of the Reason of Animals』에서 이 견해에 이의를 제기한다.)〔두 에세이 모두 『인간 오성론An Enquiry Concerning Human Understanding』에 수록되었다.〕

인간의 삶에서 이성이 단연 중심적이라는 생각은 아주 막연해서 누군가 입증하거나 결정적으로 논박할 수 있는 견해가 아니다. 이 생각을 입증하거나 논박하려 시도하는 사람은 대단한 오판을 하는 셈이다. 그럼에도 이 생각과 관련해 많은 것을 말할 수는 있다.

우선 말할 것은 고대 그리스의 회의론자들이 익히 알았던 것이다. 여러분이 어떤 믿음(B라고 부르자)을 고수하는 상황에서 어떤 근거로 그 믿음을 고수해야 하는지 자문한다고 가정해보자. 그럴 때 여러분은 어떤 근거(R라 부르자)를 생각할 것이다. 이 R는 여러분이 그저 지어낸 무언가일 수 없다. R가 여러분이 B를 믿을 근거가 되려면, **R**가 참이라고 생각할 근거가 여러분에게 있어야 한다. 이 추가 근거는 B 자체이거나 다시 R일(그럴 경우 어떤 믿음을 그 믿음에 대한 근거로 제시하는 꼴이 되어 믿음을 재차 주장하는 것에 불과해 보일 텐데, 이런 오류를 흔히 '선결문제 요구의 오류'라 부른다) 수 없으므로 다른 무언가여야 한다. 그 결과 동일한 논변이 되풀이된다. 이 논변은 우리가 우리 믿음의 근거를 갖고 있다는 생각이 국지적 양상에 지나지 않으며, 우리가 더 넓은 그림을 보려고 시도하자마자 그 양상이 사라진다는 것을 시사한다. 다시 말해 '근거'가 어떤 다른 믿음, 즉 우리에게 뒷받침할 근거가 없는 믿음과 연관되어 있다는 것이 드러난다. 이 논변에 만족스러운 답변을 내놓으려는 시도는 인식론이라 알려진 철학적 탐구의 한 영역을 구축해왔다.

우리의 가장 기본적인 믿음들, 믿지 않고는 살아갈 수조차 없는 믿음들 중 일부를 뒷받침할 적당한 근거를 찾기가 매우 어렵다는 주장도 제기되었다. 이와 관련해 많이 논의된 사례는 사건들이 과거에 일어났던 그대로 미래에도 일어나리라는 우리의 확신이다. 이를테면 여러분이 앞으로 들이마실 공기가 여러분을 질식시키지 않으리라는 믿음, 여러분이 다음 발걸음을 내딛을 때 바닥이 무너지지 않으리라는 믿음을 비롯해 이와 비슷한 수많은 믿음들에 대한 우리의 확신이다. 그런데 우리는 무슨 근거로 이것들을 믿는가? 이런 유의 믿음이 거의 언제나 적중해왔다고 답해서는 안 된다. 실제로 적중

했겠지만 그것은 과거에 일어났던 사건의 또다른 예에 지나지 않으며, 우리가 알고 싶은 것은 미래가 동일한 방식으로 펼쳐지리라고 예측하는 이유다.

이런 난점들 때문에 인간의 믿음을 합리적 관점에서 속속들이 명료하게 만들 수 있다거나 인간이 오직 이성에 따라 살아갈 수 있다는 생각은 강력한 장애물에 직면하기 마련이다. 그러나 추론하는 능력, 예전 믿음에서 추론을 통해 다른 믿음을 획득하는 능력이 우리에게 중요한 능력 그 이상이라는 것은 여전히 참이다. 우리에게 그런 능력이 없다면 신체의 외형 말고는 인간임을 식별할 표지가 전혀 없을 것이고, 평균적인 침팬지가 실질적으로나 비유적으로나 우리보다 훨씬 나을 것이다.

자아

제4장에서 불교의 '무아(無我)' 교의를 소개했다. 이 교의에 따르면 인격적 개체는 독립적으로 존속하는 단일물이 아니라 '5온'—이 자체가 복합체 또는 복합 상태다—으로 이루어진, 쉽게 분해될 수 있는 합성물이다. 그러나 아주 많은 개별 요소들이 불안정하게 결합되어 있는 것이 자아라는 견해는 불교 전통에서만 찾을 수 있는 것이 아니다. 근대 서구에서

이 견해는 이른바 '정신의 다발 이론'으로 나타나며, 거의 전적으로 흄의 공로로 간주된다. (여러분의 안내자는 흄이 실제로 이 견해를 고수했는지 대단히 의심스럽다는 입장이지만, 여기서는 논쟁을 피할 것이다.)

여러분이 존재하는 한 계속 동일하게 존재할, 독립적으로 존속하는 단일물—여러분—이 있다고 가정해보자. 그것은 어디에 있는가? 여러분 자신의 정신을 들여다보고 그것을 지각할 수 있는지 확인해보라. 여러분은 무엇을 찾을까? 첫째로 여러분은 뒤죽박죽 섞인 지각들을 경험하고 있음을 알아챌 것이다. 다시 말해 주변을 보는 시지각, 주변 소리를 듣는 청지각, 몇 가지 냄새를 맡는 후지각, 주변 물체를 만지며 압력과 거친 표면, 온기 등을 느끼는 촉지각을 경험할 것이다. 그런 다음 특정한 근육의 긴장을 느끼고 신체의 움직임을 의식할 것이다. 이 모든 지각과 의식은 여러분의 자세가 변하고 주변의 대상이 변함에 따라 계속해서 변한다. 여러분은 발이나 이마에서 가벼운 통증을 느낄 수도 있고, 이미지나 반쯤 완성된 문장이 꼬리에 꼬리를 물고 떠오르는 것을 의식할 수도 있다. 그러나 만화경처럼 변화무쌍한 이 복잡한 덩어리 안에 확고부동하게 존속하는 '자아'라는 대상의 표지는 없다.

그렇다면 왜 자아 같은 것이 있다고 가정하는가? 누군가는 이 경험들 전부, 즉 **나의** 경험들은 이러니저러니해도 분명 한 묶음이며, 당신의 경험들도 분명 한 묶음이지만 나의 묶음과는 관계가 없다고 말할 것이다. 그러므로 나의 모든 경험을 갖고 있지만 당신의 경험은 전혀 갖고 있지 않은 단일한 나, 즉 나의 자아가 존재하는 것이 분명하며, 이 점은 당신의 자아 역시 마찬가지다.

다발 이론 지지자들은 결코 그런 결론이 나오지 않는다고 대꾸한다. 나의 경험들 전부를 한데 묶는 것이 이 경험들 전부와 관계를 맺는 '다른 무언가'일 필요는 없다. 나의 경험들 전부가 서로 관계를 맺으면서(그러나 당신의 경험과는 전혀 관계를 맺지 않으면서) 어떤 관계의 체계를 이루어 한데 묶여 있는 것일 수도 있다. 많은 종잇조각들이 단일한 바늘꽂이에 모두 핀으로 꽂혀 있어서 한 집단을 이루는 모습을 생각해보라(중심적 자아 모형). 그리고 쇳조각들이 모두 자기를 띠고 있어서 서로 달라붙어 한 덩이를 이루는 모습을 떠올려보라(다발 모형).

여러분은 이런 사유(흄의 『인성론』(1738) 제1권 제4부 제6절의 사유를 각색한 사유)와 제4장에서 살펴본 불교도 저자의 사유 사이의 유사성을 알아챘을 것이다. 그러나 차이점들도 있으며 가장 중요한 차이점 중 하나는 그들이 신체에 부여하는 위치다. 불교도 저자는 인격적 개체를 구성하는 5온에 신체(색色)를 주저 없이 포함한 반면, 18세기 흄의 사유는 신체를 제외하는 일에 신경조차 쓰지 않고 그냥 신체를 완전히 무시해버린다. 흄은 마치 명백히 동일한 것들을 가리킨다는 듯이 먼저 '자아'라고 쓰고, 곧이어 '자아 또는 인격', 그다음으로 '정신'이라고 쓴다. 따라서 "자아(또는 인격)란 무엇인가?"와 "정신이란 무엇인가?"는 흄에게 한 가지 물음을 표현하는 두 가지 방법일 뿐이다. 영혼과 정신적인 것을 강조하고 신체적인 것을 폄하한 플라톤과 신플라톤주의로부터 깊은 영향을 받은 종교적 사유가 수세기 동안 유럽을 지배한 결과, 분위기가 그토록 변해 있었다.

커다란 차이점은 또 있다. 철학적 학설을 들었을 때는 언제나 그다음에 무슨 일이 일어날지, 다시 말해 학설의 주창자들이 그 학설로 무엇을 하려는지 묻는 것이 좋다. 앞에서 보았듯이 불교도들은 윤리적 목표를 염두에 두고 있었다. '무아'론은 우리가 더 나은 삶을 살고, '번뇌'를 없애고, 고통을 피하는 데 도움을 줄 것이다. 흄의 다음 행보는 전혀 딴판으로, 윤리와는 아무런 관련도 없고 오히려 오늘날 우리가 인지과학이라 부르는 것과 밀접한 관련이 있다. 우리가 존속하는 자아를 지각하지 못한다면, 우리 자신이 날마다 동일한 사람이라고 믿는 이유는 무엇인가? 흄은 이 물음을 설명하기 위해 심리학적 이론을 제시했다. (오늘날 기준으로 보면 꽤나 순진한 이론이지만, 훗날 돌이켜보면 앞선 시대의 이론들은 그럴 수밖에 없었다.)

우리는 두 개인을 비교한다기보다 두 시대를 비교하고 있다. 나가세나의 시대는 생존의 시대였고 흄의 시대는 과학의 시대였다. 이야기에 그런 차이가 있다면, 비슷한 사유가 시대에 따라 아주 다른 역할을 하더라도 놀랄 일은 아니다. 바로 이 점이 다음 절의 주제로 곧장 이어진다.

철학과 역사적 맥락

2,000년 시간차가 있고 배경과 환경이 달랐던 플라톤과 홉스는 정말 동일한 문제를 논했을까? 오늘날 철학자는 초기 불교도들은 차치하고라도 자아에 관해 흄이 물었던 질문과 동일한 질문을 물을 수 있을까? '누구'와 '언제'를 고려하지 않고 철학적 주제에 관해 말할 수 있다는 생각은 그 주제를 어느 시대의 사상가와도 연결할 수 있다는 소리처럼 들리지 않을까? 이런 견해는 오늘날 인기 있는 견해와는 정반대일 것이다. 모든 사상은 '맥락화'된다는 말, 즉 사상가가 속하는 특정한 역사적·사회적·문화적 환경에 얽매인다는 말을 우리는 되풀이해 듣고 있다.

나는 누군가 질문하기를 그저 기다리고 있는 영원한 물음들이 있다는 믿음을 권할 마음이 확실히 없다. 그러나 누가 어떤 환경에서 제기하든 그 특정한 환경을 넘어서 존재하는 물음이나 답변이 전혀 없다는 견해는 더 나쁜 견해일 것이고, 더 훌륭한 견해는 분명히 아닐 것이다. 이런 극단적인 견해의 매력 중 하나는 팬터마임의 "오 그게 맞아—오 그게 아냐"처럼 아주 단순하다는 것이다.〔전통적으로 팬터마임에서는 희극적 역할을 하는 배우가 "오 그게 맞아" 같은 대사를 몇 차례 반복하면 관객들은 "오 그게 아냐"처럼 반대로 대꾸한다.〕 흔히 그렇듯이, 진실은 양극단 사이에 있으며 훨씬 더 복잡하다. 이 주제에 접근하는 길은 여럿이지만 나는 다음 길을 택하겠다. 오래전에 죽은 누군가의 사유를 오늘날의 논쟁에 기여하는 사유로, 마치 지금 여기서 우리에게 제시되고 있는 사유처럼 대하는 것이 타당할까? 나는 타당하다고 생각하며 그렇게 대해야 할 이유까지 있다고 생각한다. 그러나 조심스럽게 대해야 하고, 무엇보다도 놓치는 것이 없는지 주의해야 한다.

오래된 문헌에서 문장 하나를 훔치고 그 문장이 오늘날 우리에게 어떤 도움이 되는지 확인하는 행동을 막을 것은 없다. 어떤 문장이 아니라 사유를 훔치고 싶다면, 그 문장의 의미를 확정하기 위해 얼마간 노력해야 할 것이다. 그럴 준비가 되어 있지 않다면 그 문헌에 큰 기대를 걸지 말아야 하며, 그 문헌에서 아주 많은 걸 얻지 못해도 저자를 폄하해서는 분명히 안 된다. 그러나 조심한다면 우리는 그 문헌이 우리의 관심사와 관련이 있음을 발견할 텐데, 상당히 안정적인 인간과 인간의 삶—어쨌거나 지난 3,000년간 크게 변하지 않았다—에 관한 사실들에서 상당수 철학이 생겨나기 때문이다.

관련 있는 무언가를 발견하는 일과 그것을 납득시키는 일은 별개다. 우리가 플라톤과 홉스의 논변을 그들이 국가에 부여한 권위의 정도를 확증하기에 불충분한 논변으로 여기고 일축한다고 가정해보자. 우리의 행동에는 옳은 측면이 있다. 그들의 논변이 불충분하다는 것은 의심할 나위가 없다. 그러나 그들의 논변을 외면하고 볼일이 끝났다고 생각한다면, 우리는 여러 잘못을 저지를 위험에 처하게 된다.

한 가지 문제는 그들의 글은 이해할지 몰라도 **그들**, 즉 어떤 정치적 사유가 필요한가라는 문제에 관한 그들의 관심, 그런 관심을 낳고 또 그들로 하여금 자신의 결론을 매력적으로 여기게 한 환경을 이해하지 못한다는 것이다. 이처럼 우리는 문헌 이면의 인간을 놓치고 그와 더불어 철학의 쓸모 가운데 중요한 측면을 놓치고 있는지도 모른다. 더욱이 그들의 글에 의미가 불분명한 부분이 있을 때마다 그들이 그렇게 말하는 이유를 이해하는 것은 대개 모호함을 해명하는 매우 유익한 방법이다. 그들의 동기에 관심을 보이지 않을 때, 우리는 그들의 말을 잘못 이해할 위험을 무릅쓰는 것이다.

두번째 문제는 철학자의 사상이 자라난 지적·정서적 환경을 고려하지 않는다면 철학자의 성취에 대한 우리의 이해가 심각하게 저해되리라는 것이다. 앞에서 나는 철학을 혼란에 빠진 인류가 상황을 다시 바로잡을 방도를 궁리하는 시도로 여길 것을 제안했다. 철학은 사상가들이 속했던 환경을 어느 정도 이해하지 않고도 진가를 알아볼 수 있는 이야기가 아니다.

그러므로 우리가 생각해야 하는 물음은 분명 "이게 옳은가?"만이 아니다. 그렇지만 단순히 오래전에 살았다는 이유로 과거의 철학자들이 옳았는지, 또는 그들의 논변이 설득력이 있는지 묻기를 아예 거부하는 입장에도 문제는 있다. 어쨌든 플라톤은 자신이 속한 시간과 공간을 위해서만 글을 쓴다고 생각하지 않았다. 오히려 플라톤은 우리의 주의를 일시적인 것에서 그가 영원하다고 믿는 것으로 돌리려고 끊임없이 시도했다. 공정하게 평가해보지도 않고 플라톤의 야망을 일축하는 것은 몹시 거들먹거리는(어쩌면 자기방어적인) 태도로 보인다. "그래, 그래, 그가 나름대로 이상국가를 설계했다고? 똑똑한 졸장부 납셨군."

나는 여러분이 더 고무적인 무언가를 알아채기 시작했기를 바란다. 철학 문헌들의 양은 기가 질릴 만큼 방대할지 모르지만, 진정으로 뚜렷하게 구별되는 철학적 주제들은 그렇지 않다. 알다시피 이 간결한 책에 담기에는 그마저도 너무 많지만, 어마어마하게 많지는 않다. 우리는 이미 에피쿠로스와 밀, 플라톤과 홉스, 흄과 『밀린다팡하』의 저자 사이에 2,000년을 가로지르는 연계가 있음을 보았다. 관건은 되풀이되는 주제들에 익숙해지는 것이 아니라, 상이한 사상가들이 그들 자신의 목표를 위해 그들 자신의 방법으로 그 주제들을 다시 연주하는 변주곡에 민감해지는 것이다. 이것은 철학에 대한 이해가 누적되고 제법 빠르게 축적된다는 것을 뜻한다. 분명 좋은 소식이다.

제 6 장

'-주의/론'에 관하여

축구부터 요리, 등산, 집단유전학을 거쳐 정원 가꾸기에 이르기까지, 모든 주제에는 고유한 전문용어들이 있다. 분명 철학에도 전문용어들이 있지만 다행히 대부분 겉보기만큼 놀랍지 않다. 제4장에서 우리는 '형이상학'이 실체의 가장 일반적인 특징들을 고찰해 실체가 어떠한지 밝히는 탐구(또는 의견)를 의미한다는 것을 확인했다. 제5장에서 우리는 무언가의 가치를 그 자체의 본성과 역사가 아니라 결과에 따라 판단하는 이론들을 총칭하는 '결과주의'를 접했고, 이어서 인식, 믿음과 관련이 있고 또 근거와 정당화처럼 긴밀히 연관된 개념들과 관련이 있는 철학의 갈래인 '인식론'을 접했다. 이제 모두 '주의/론(ism)'으로 끝나는 용어들을 몇 가지 더 살펴보자. 어휘를 열심히 공부하자는 게 아니라, 전문용어를 배우면서 철학에 관해 더 알아보자는 것이다.

('결과주의'처럼) '주의/론'으로 끝나는 철학 용어들은 대부분 어떤 학설의 일반적인 유형을 가리키는, 의미의 폭이 상당히 넓은 용어다. 이 용어들은 넓은 폭 덕분에 아주 유연하고 또 사람들 입에 늘 오르내리지만, 동시에 그 폭 때문에 위험에 처하기도 한다. 주된 위험은 용어들이 실제로 말하는 것 이상을 말한다고 간주될 위험이다. 어떤 철학자가 어떤 '주의/론'을 대표한다는 이유로 여러분이 그를 분류했다고 생각해서는 결코 안 된다. 조지 버클리(George Berkeley, 1685~1753)의 철학은 관념론의 한 형태이며, 이 점은 헤겔(Hegel, 1770~1831)의 철학도 마찬가지다. 그러나 나는 둘 중 한 명을 읽으면 다른 한 명을 이해하는 데 도움이 된다는 말을 들어본 적이 없다. 이 둘의 사상은 천양지차다. 카를 마르크스(Karl Marx, 1818~1883)는 분명 관념론자(마르크스주의 어휘 가운데 실제로 남용되는 용어)가 아니었지만, 많은 측면에서 극도로 헤겔주의자였다. 학생이라면 마르크스를 읽기 전에 헤겔에 관해 어느 정도 알아야 한다는 말은 생각할 수 있는 가장 명백한 조언일 것이다.

경고를 말하고 예를 들어 설명했으니 이제 **이원론**으로 시작해보자. 서로 대비되는 (정확히) 두 가지 힘이나 실체를 인정하는 어떤 견해든 이원론이라 부를 수 있다. 따라서 서로 충돌하는 두 가지 근본적인 원리, 즉 선과 악을 상정하는 신학도 이원론적 신학이라 불린다. 그러나 이원론의 가장 흔한 의미는 판이하게 다른 두 종류, 즉 정신과 물질로 실체가 이루어진다고 말하는 학설이며, 이에 따르면 인간은 약간의 정신과 약간의 물질로 이루어져 있다. 이런 의미의 이원론을 주창한 이들 중 제일 유명한 인물은 프랑스인 르네 데카르트(René Descartes, 다음 장에서 데카르트의 저술 일부를 살펴볼 것이다)일 것이다. 오늘날 수두룩하게 많은 이원론의 적들 중 일부는 실제로 이원론을 전부 데카르트 탓으로 돌리고 싶어하는 듯하다. (줄잡아 말해도 역사적으로 미심쩍은 주장이다. 데카르트는 훨씬 오래된 학설을 입증할 설득력 강한 증거를 내놓으려 했을 뿐이다.)

이원론은 분명 문제를 안고 있으며 특히 근대의 과학 이론과 결합되기 어렵다는 문제가 있다. 한 가지 까다로운 물음은 이원론자의 정신적 부분이 실제로 무엇을 하느냐는 것이다. 우리는 우리가 생각하는 것, 느끼는 것, 의식하는 것이 우리 행동에 영향을 끼친다고 자연스럽게 추정한다. 내가 10분 후에 기차가 출발한다고 **생각하고** 기차를 잡기를 **원하고** '기차역'이라고 쓰인 표지판을 **본다**면, 나는 그 표지판이 가리킨다고 **믿는** 방향으로 갈 것이다. 이것은 정신 활동이 없었다면 가지 않았을 어딘가로 나의 (물리적인) 신체가 간다는 뜻이다. 그러나 과학 이론은 모든 물리적 사건은 다른 물리적 사건을 원인으로 갖는다고 말하지 않는가? 비물질적 종류인 **다른** 무언가가 나의 신체를 움직이는 원인일 여지는 어떤 경우에 어떻게 있을 수 있는가? 이원론자들은 그저 이를 악물고 그 점에서는 과학이 명백히 틀렸다고 말해야 할지도 모른다. 그 점에서 과학이 옳다는 데 그들이 동의한다면, 그리고 우리의 생각과 느낌 등이 우리 행동에 영향을 준다는 데 동의한다면(동의하지 않는다면 이상할 것이다), 생각하기와 느끼기, 의식하기 등이 틀림없이 **물리적** 과정이라는 결론이 도출되기 때문이다. 이럴 경우 앞에서 말한 물음이 다시 제기된다. 그들의 이 비물리적인 부분, 이 '정신'은 실제로 무엇을 하는가? 이원론자들은 모든 물리적 사건은 물리적 원인을 갖는다는 과학의 설명이 틀렸다고 **말하고 입을 다물** 수가 없다. 우선 그런 말은 이미 납득하지 않은 그 누구도 납득시키지 못할 것이다. 그들에게는 우리 안에 물리적일 수 없는 무언가가 있다는 말을 뒷받침할 어떤 근거가 필요할 것이다. 뒤에서 데카르트를 다루면서 우리는 이와 관련해 이원론자가 제시해야 할 무언가를 살펴볼 것이다.

여러분은 이원론이 궁극적인 두 원리, 즉 정신과 물질이 있다는 견해라면, 오직 물질만 있다고 말하거나 정신 말고는 아무것도 없다고 믿는 학설도 있을 거라고 생각할 것이다. 지당한 생각이다. 첫째 학설은 **유물론**, 둘째 학설은 (유심론이 아니라) **관념론**이라 불리며 둘 다 역사가 깊다.

우리가 명확한 기록을 갖고 있는 최초의 유물론은 인도의 로카야타파(Lokāyatas, 一派)의 유물론이다. 이 학파는 가장 걸출한 사상가의 이름을 따서 흔히 차르바카파(Cārvākas, 一派, 부언하자면 이런 산스크리트어 낱말들에서 'c'는 '치읓(ch)'으로 발음한다)라고 부른다. 인도 철학은 죄다 신비적·종교적·금욕적이라고 상상하는 흔한 오류에 빠져들 때면 이들을 기억하라. 이들은 지각만이 인식을 주고 지각할 수 없는 것은 존재하지 않는다고 생각했다. 브라만이 가정하는 영원한 영혼, 즉 전생에서 후생으로 옮겨가는 영혼은 허구다. 인생은 단 한 번뿐이다. 인생을 즐기려 노력해라. 이 학파는 1,000년 넘게 존속한 것으로 보이지만, 불행히도 오늘날 우리가 이들에 관해 아는 모든 것의 출처는 반대파가 남긴 기록이다.

그리스에서는 데모크리토스(Democritus)—소크라테스와 거의 동시대를 살았다—가 20세기 들어 물리학이 상황을 바꿔놓기 전까지 아주 현대적으로 여겨질 만한 이론을 내놓았다. 우주는 허공을 돌아다니는 무수히 많고 아주 작은 물질적 입자들로 이루어져 있다는 이론이었다. 이 작은 입자는 '원자'(atom, 희랍어로는 쪼개거나 나눌 수 없다는 뜻)라 불리며, 이 원자들과 이것들이 돌아다니는 허공만이 말 그대로 존재하는 모든 것이다. 상당히 타당한 이 추측을 (이미 살펴본) 에피쿠로스와 그의 학파가 받아들였지만, 이 추측을 가장 쉽게 접할 수 있는 저술은 로마 시대 에피쿠로스 찬미자인 루크레티우스(Lucretius)의 유명한 『사물의 본성에 관하여Of the Nature of Things』(또는 번역본에 따라 『우주의 본성에 관하여Of the Nature of the Universe』)다.

여러분은 유물론이 어떤 유의 종교적 믿음과도 양립 불가능하다고 예상할 것이다. 로카야타파의 경우가 이 점을 확증하는 것으로 보인다. 그러나 놀라지 않게 조심하라! 에피쿠로스 학파는 신들을 믿으면서도 (그들의 사상에 부합되게) 자신들의 신체가 아주 미세한 물질로 이루어진다고 생각했다. (에피쿠로스 학파에 따르면 신들은 이곳에서 아주 멀리 떨어진 어딘가에서 신성한 지복과 근심 없는 행복 상태로 살아간다. 인간의 삶에는 눈길 한 번 주지 않으면서. 반대자들은 이것이 무신론자임을 인정하지 않고 무신론자가 되는 방법에 불과하다고 말했다.)

일상에서는 '물질주의'〔'유물론'이든 '물질주의'든 영어로는 모두 'materialism'이지만 한국어에서는 맥락에 따라 구별해서 쓰기 때문에 일상적 의미로 쓰일 때는 부득이 '물질주의'로 옮겼다〕라는 낱말이 약간 다른 의미로 쓰인다. '속물 여자'〔material girl : 팝 가수 마돈나의 노래 제목이기도 하다〕는 물질로만 이루어진 여자가 아니다. 물론 여자와 그 여자가 살아가는 물질적 세계가 모두 물질로 이루어져 있다는 철학적 유물론자들의 말은 옳다. 그러나 어떤 이들은 한탄하고 다른 이들은 그저 즐기는 일상의 '물질주의'가 철학자들의 유물론과 전혀 무관한 것은 아니다. 마돈나의 속물 여자는 십중팔구 정신의 쾌락보다 물질적 대상—그 대상의 소유와 소비—에서 쾌락을 얻는다. 일상의 물질주의는 정신적인 것이나 지적인 것에 반대되는 물질적인 것—이번에는 철학자들이 말하는 의미의 물질적인 것—에 대한 집착이다. 마르크스의 철학은 변증법적 유물론이라 불리게 되었는데, 마르크스가 문자 그대로 물질 말고는 아무것도 없다고 생각했기 때문이 아니라 인간의 삶에서 가장 중요하고도 근본적인 원인이 물질적인 것, 즉 사회가 물질적 재화를 생산하는 방식에 관한 경제적 사실들이라고 생각했기 때문이다. ('변증법적'의 의미는 제7장에서 헤겔을 논하면서 살펴볼 것이다.)

관념론 또한 일상적 의미뿐 아니라 전문적 의미까지 있는 낱말이다. 전문적 영역에서 관념론은 앞에서 언급한 아일랜드인 조지 버클리 주교의 견해처럼 물질의 존재를 부인하고 존재하는 모든 것이 정신적인 것이라고 보는 견해를 가리킨다. 그렇다면 이 견해를 주장하는 사람은 우리가 계속 부딪치는 의자와 우리가 계속 떨어지는 산 같은 대상들은 대체 무엇인지 당장 설명해야 할 것이다. 버클리를 논박할 수 없다는 말을 들었을 때, 저명한 문인 새뮤얼 존슨(Samuel Johnson) 박사는 돌을 걷어차며 "나는 그를 이렇게 논박하네"라고 대꾸했다고 한다. 그러나 버클리를 논박하는 것이 그렇게 쉬운 일은 아니다. (나는 '논박하다'라는 말을 어떤 것이 틀렸음을 그저 **말한다**라는 의미가 아니라 **보여준다**라는 의미로 사용한다. 그저 틀렸다고 말하는 것은 당연히 아주 쉽고 누구나 할 수 있는 일이다. 특히 존슨 박사처럼 자기 의견이 부족하거나 자기 의견을 기억에 남도록 표현할 방법이 부족했던 적이 좀처럼 없었던 사람이라면 말할 나위도 없다.)

버클리를 논박할 수 있을지 모르지만 그러려면 다음과 같은 진부한 사고방식을 어떻게든 극복해야 한다. 내가 탁자를 볼 때 진짜로 의식하는 것은 탁자 자체가 아니라 **탁자가 나에게 보이는 방식**이다. '탁자가 나에게 보이는 방식'은 탁자가 아니라 나의 정신을 묘사한다. 다시 말해 내가 어떤 대상을 볼 때 그 대상이 내 안에서 불러일으키는 의식의 상태를 가리킨다. 내가 탁자를 아무리 가까이에서 보더라도, 또는 아무리 다양한 각도에서 보더라도 대상 자체가 아니라 대상이 불러일으키는 의식의 상태를 자각한다는 것은 여전히 참이다. 설령 내가 탁자를 **만지더라도** 마찬가지다. 차이라고는 대상(그게 무엇이든)이 내 안에서 다른 종류의 상태, 즉 시각이 아닌 촉각을 불러일으킨다는 것뿐이다. 탁자(또는 존슨 박사의 돌덩이)를 걷

어차면 발이 아프겠지만, 그것은 의식의 또다른 상태에 지나지 않는다. 알다시피 이런 의식의 상태들은 서로 아주 잘 어우러진다. 우리는 이 상태들 가운데 몇 가지만 알아도 나머지 상태들이 어떠할지를 꽤 정확하게 예측한다. 부분만 슬쩍 보고도 거의 전체를 예상하는 것이다. 그러나 탁자 자체, 즉 물리적인 탁자는 입증된 사실이 아니라 이 모든 지각적 의식의 상태들을 설명하는 **가설**이다. 따라서 틀린 가설일 수도 있고, 다른 어떤 가설이 맞을지도 모른다. 버클리는 비정신적 존재가 정합적이지 않다는 견해를 자신이 증명했다고 생각했는데, 어느 정도 그의 믿음 덕분이긴 했지만 정확한 생각이었다. (여기서 버클리의 증명으로 여러분을 애먹일 마음은 없다.) 자애롭고 전능한 신을 믿은 버클리는 신이 우리의 의식 상태들의 직접적인 원인이라 주장했고, 물질은 정합적이지 않을 뿐 아니라 의식의 상태들에 불필요하다고까지 단정지었다.

이번에도 흄이 적절한 논평을 했다. 흄은 버클리의 논변이 "해답을 허용하지 않고 확신을 주지 못한다"라고 말했다. 그러나 물질을 부인하는 버클리의 논변을 믿기가 아무리 곤란하다 해도, 버클리가 옳을 **수 없다**는 것을 입증할 설득력 있는 증거를 찾기란 이제까지 극히 어려운 일이었다. 나 자신은 그런 증거가 있다고 믿지 않는다. 그러나 여러분이 예상하다시피 버클리의 논변을 믿지도 않는다.

몇몇 철학체계(이를테면 헤겔의 체계)는 물질의 존재를 부인하기 때문이 아니라, 실체의 본성을 결정하고 실체에 목적을 부여하는 정신적인 것에 물질이 종속된다고 생각하기 때문에 관념론이라 불린다. 이런 의미로 쓰이는 '관념론'은 앞에서 카를 마르크스의 철학에 적용한 '유물론'에 대응한다. 그러나 일상적 의미의 이상주의〔idealism : materialism의 경우처럼 idealism도 '관념론'과 '이상주의'라는 두 가지 의미로 쓰인다. 그래서 idealism이 일상적 의미로 쓰일 때는 부득이 '이상주의'로 옮겼다〕는 '물질주의'에 대응하지 않는다. 물질주의자는 정신적인 것 또는 지적인 것에 대비되는 물질적 재화에 초점을 맞춘다. 반면에 이상주의자는 언제나 물질적인 것보다 정신적인 것에 초점을 맞추는 사람이 아니라 **이상**에 헌신하는 사람이다. 그리고 이상은 본질적으로 **정신의 대상**이다. 이상이란 현실에서 실제로 찾을 수 있는 상황이 아니라 삶의 조건이 허락하는 한 사유를 통해 최대한 접근하려 분투하는 상황이기 때문이다. 이상의 이런 정신적 성격은 일상적 의미의 이상주의와 전문적 의미의 관념론을 연결해준다.

여러분이 많이 들어봤을 '주의/론'을 두 가지 더 살펴보자면, 서로 대립하는 한 쌍으로 떠오르는 '경험론'과 '합리론'이 있다. '이원론'과 '유물론', '관념론'이 형이상학(어떤 것들이 존재하는가?)에 속하는 반면에, 이 쌍은 정확히 인식론(우리는 어떻게 아는가?)에 속한다.

우리 모두는 거칠고 손쉬운 방법으로 지각과 사유를 구별한다. 여러분의 탁자 위에 놓인 물건들을 보고 하나는 펜이고 다른 하나는 컴퓨터임을 알아채는 것과, 그 물건들에 관해 생각하거나 그것들이 작동하는지 궁금해하거나 작동하지 않으면 어떻게 할지 궁리하는 것은 별개다. 천문학자들은 오래도록 하늘을 바라보는 반면에 수학자들은 자기가 적은 것 말고는 아무것도 바라볼 필요가 없다는 듯이 가만히 앉아서 계산한다는 생각에 우리는 익숙하다. 이처럼 겉보기에는 인식을 얻는 두 가지 상이한 방법이 있다. 일부 철학자들은 한 방법을 경시하고 다른 방법을 편든다. '경험론'은 사유보다 지각을 편드는 학설들을 가리키는 아주 일반적인 용어이고, '합리론'은 지각보다 사유를 편드는 학설들을 가리키는 용어다.

지각할 수 있는 것만 인식할 수 있다고 여기고 사유와 추론, 이성의 인식력을 전혀 인정하지 않은 철학자들도 있었을 것이다. 앞에서 유물론과 관련해 살펴본 로카야타파가 이런 입장과 흡사했다고 전해진다. 몇몇 기록에 따르면, 그들은 더 나아가 지각할 수 있는 것만이 존재한다고까지 생각했다. 이 기록이 참이라면(우리가 가진 모든 기록을 로카야타파의 반대파가 썼다는 사실에 유념해야 한다!) 그들은 분명 너무 멀리 나아갔던 셈이다. 지각된 것만이 인식될 수 있다고 주장하는 사람이라

10. 모든 주제는 고유한 언어를 말한다.

'보험/재보험 용어집'
"빠져나가야겠어. …… 이건 내가 소화할 수 있는 게 아냐!"

해도 지각되지 않는 것은 아무것도 존재하지 않는다고 주장할 수는 없다. 바로 그것은 지각되지 않기 때문이다. (그러한 주장을 할 수 있다면, 들리지 않는 것은 존재하지 않는다는 것을 들을 수 있다는 주장도 타당할 것이다.)

지각만이 인식을 낳는다고 여기는 경험론자라고 해서 지각 과정 자체가 어떠한 사유도 수반하지 않는다고, 따라서 사유의 때가 전혀 묻지 않은 순수한 지각을 얻을 수 있다고 말하는 것은 아니다. 탁자를 바라보고 그 위에 펜이 있음을 알아채려고만 해도 나의 눈으로 들어오는 빛 패턴을 그저 수동적으로 기록하는 데 그쳐서는 안 된다. 나는 펜에 관해 조금은, 아무리 못해도 펜이 어떻게 생겼는지는 인식하고 있어야 하고, 이 인식을 활용해야 한다. 그렇지 않다면 내가 펜을 본다고 해도 펜 사진을 찍는 카메라에 지나지 않을 것이다. 지각은 해석을 수반하는 반면 카메라는 빛 패턴을 기록할 뿐이다. 그러므로 덜 조야한 경험론은 분류와 사유, 추론, 이성이 저마다 합당한 역할을 맡는 것을 허용할 것이다. 그러나 그 경험론은 분류와 사유, 추론, 이성이 그 자체로는 단 하나의 인식도 산출하지 못한다는 점을 계속 주장할 것이다. 사유와 무관한 지각은 없다는 것은 참일 테지만, 지각과 무관한 인식은 없다는 것 역시 참이다. 모든 경험론자는 인식이 결국에는 지각에 부합할 것을 요구한다. 인식은 지각을 넘어설 수 있을지 모르지만,

그렇더라도 반드시 지각에서 출발해야 한다.

경험론자는 이 견해를 뒷받침할 강력한 논변을 제시할 수 있다. 합리론자가 되려는 사람이라면 누구나 이 논변에 맞설 답변을 준비해두어야 할 것이다. 지각하는 동안 우리는 주변의 대상들과 일종의 접촉을 하고, 그 대상들은 우리의 감각에 영향을 끼친다. 그러나 우리가 지각과 완전히 무관하게 사유하려 한다면, 우리가 사유하려는 대상들과 우리를 잇는 고리는 어디에 있는가? 그런 고리가 없다면 우리는 저기에 있는 세계를 잊고 여기서 마음속으로 사유할 것이다. 이것은 순수한 공상을 만들어내는 방법처럼 들린다. 어쩌면 이렇게 해서 아주 가끔 운 좋게 현실에 들어맞는 짐작을 내놓을지도 모르지만 말이다. 이제 합리론적 성향이 강한 세 철학자, 즉 플라톤, 칸트, 헤겔이 이 도전에 어떻게 대응했는지 간략하게 살펴보자.

플라톤에 따르면 이성이 우리에게 감각의 세계를 직접적으로 말해주는 일은 결코 없다. 이성은 이데아나 형상(形相)이라 불리는 영원하고 초월적인 실체, 즉 좋은 것, 올바른 것, 공정한 것, 아름다운 것에 관해 말해준다. 우리가 감각으로 지각하는 것들은 이런 형상들에 '관여'하거나 형상들이 정한 기준에 접근하는 한에서만 좋은 것, 공정한 것 등이 된다. 그렇다면 이성은 형상들로부터 어떻게 인식을 얻는가? (나의 조언에 따라 『크리톤』에 이어 『파이돈』을 읽은 독자라면 지금쯤 알 텐데) 플라톤은 고대 희랍의 사유에 결코 낯설지 않았던 믿음을 이용한다. 혼은 현재의 신체로 들어가기 전부터 존재했다. 그렇게 존재할 때 혼은 형상들을 접했고—플라톤은 지각과 유사한 무언가를 막연하게 암시한다—그때 배웠던 것들을 지금 이성적 사유를 통해 상기해낸다.

플라톤이나 헤겔보다 경험론을 훨씬 많이, 기꺼운 마음으로 인정했던 칸트는 참신하고 급진적인 방법으로 도전에 대응했다. 이성은 지각할 수 없는 것들에 관해 우리에게 아무것도 말해주지 못한다. 일반적인 표현을 쓰자면, 이성은 우리의 경험이 틀림없이 어떠하다는 것만 말해줄 수 있다. 이성이 이렇게 할 수 있는 유일한 이유는 **우리의 경험이 우리의 정신에 의해 구성되기** 때문이다. 독자적으로 일하는 이성은 우리의 정신이 어떻게 작동하는지만 우리에게 말해주고 있다. 이런 이유로 이성은 나머지 세계에 대해서는 우리의 지각에 의존하지 않고도 지금 하는 일을 할 수 있는 것이다.

헤겔의 대응은 플라톤의 대응과 다르지 않다. 헤겔은 자신이 '이념'이라 통칭한 사상들 또는 보편자들의 체계를 가지고 시작한다. 이 체계는 우리의 정신, 우리 사유의 범주들뿐 아니라 우리의 사유 대상인 나머지 현실까지 포괄하는 전체를 구조화하는 추동력이다. 우리의 이성이 심지어 지각과 무관하게 그 자체로 쓰일 때조차 세계와 조화를 이룰 거라고 우리가 예상할 수 있는 이유가 여기에 있다. 이성적 사유를 하는 주체와 그 대상은 구조, 즉 이념의 구조를 공유한다.

이 세 가지 사례는 경험론과 합리론의 대립이 사소한 충돌이 아님을 보여준다. 이 지점에서 편을 가르기 시작한 이들은 형이상학적으로 말해 극과 극으로 달라질 수 있다. 그러나 나는 합리론만 난관에 부딪히고 경험론에는 문제가 없다고 말하는 것이 아니다. 그렇지 않음을 우리는 곧 알게 될 것이다.

많이 사용되는 또다른 '주의/론'은 **회의론**이다. 물론 올림픽 위원회의 정직성과 UFO의 존재, 저지방 다이어트의 효과 같은 특수한 것들에 회의적일 수도 있지만, 철학 문헌에서 '회의론'은 보통 훨씬 더 일반적인 무언가를 가리킨다. 이를테면 인식에 대한 광범위한 주장들에 반대하거나 일군의 많은 믿음들을 의심하는 것을 가리킨다. 물론 모든 믿음을 다 의심하는 건 아니다. 역사책에서 거론할 가치가 있는 모든 회의론은 실제로 견지되는 믿음들과 중요하다고 간주되는 믿음들을 겨냥한다. 사막을 포격한다고 해서 훈장을 수여하지는 않는 법이다.

이것은 당대에는 회의적이었으나 지금은 다르게 읽히는 사상이 많다는 뜻이다. 포르투갈의 철학자 겸 의사였던 프란치스코 산체스(Francisco Sanchez, 1551~1623)의 저작 『아무것도 인식되지 않는다는 것Quod Nihil Scitur』이 좋은 사례일 것이다. 이보다 회의적인 제목은 찾기 어려울 테지만, 우리에게 책 내용은 회의론이라기보다 당시 널리 퍼져 있었으나 이제는 신뢰를 잃은 지 오래인 아리스토텔레스주의에 대한 맹렬한 공격처럼 보인다. 회의론자들은 성공하고 나면 더는 회의론자처럼 보이지 않는다. 그들은 옳은 주장을 펼쳤던 비판자처럼 보인다.

회의론의 다른 형태들은 유통기한이 더 길다. 이 형태들은 인간의 영원한 믿음이나 일상의 믿음, 즉 흔히 상식이라 불리는 것을 표적으로 삼는다. 근대의 가장 유명한 사례는 데카르트의 『성찰Meditationes de prima philosophia』 첫머리에서 발견된다. 여기서 우리는 이 세계에 관해 그 무엇도, 심지어 세계가 있다는 것조차 감각에 의존해 말하지 못할 불길한 가능성에 직면한다. 그러나 데카르트는 다음 장에서 다룰 예정이므로 여기서는 시선을 과거로 돌려 우리가 아는 가장 발전한 회의론적 철학의 시초인 피론(Pyrrhon) 학파(대략 서기전 365~275)를 살펴보자. 이 학파의 철학은 모두 단 한 권의 책, 즉 섹스투스 엠피리쿠스(Sextus Empiricus)의 『피론주의 개요Outlines of Pyrrhonism』에서 발견할 수 있다. 섹스투스는 자신의 전성기인 서기 200년경에 쓴 이 저작에서 피론주의의 목표와 논변, 결론을 애정 어린 손길로 상세히 기록했다. 섹스투스 같은 기록자를 둔 학파는 행복할 것이다.

초기 피론주의자들은 열심히 탐구했다. 그들은 열 가지 '비유적 용법(trope)' 또는 논증 방식으로 자신들의 회의론적 결론, 즉 우리는 사물들이 우리에게 나타나는 대로 알 수 있을 뿐 사물들이 실제로 어떠하다고 확신할 근거를 갖고 있지 못하다는 결론을 주장했다. 피론주의자들이 '독단론자'—있는 그대로의 사물들을 안다고 주장했던 아리스토텔레스주의자들이나 스토아 학파 같은 이들에게 피론주의자들이 붙인 고상한 이름들 중 하나—에 맞서 즐겨 구사한 전략은 사물들을 다르게 볼 법한 어떤 동물, 또는 사물들을 다르게 볼 법한 다른 사람들, 또는 독단론자들 자신이 사물들을 다르게 볼 법한 환경을 찾아낸 뒤, 상이한 관점들 가운데 하나를 임의로 편들지 않고는 관점의 불일치를 해소할 길이 없다고 주장하는 것이었다. 한 대목에서 섹스투스는 어떤 사물이 독단론자에게 나타나는 방식을 그것이 개에게 나타나는 방식보다 특별하게 여길 이유가 없다고 주장한다. 독자들은 섹스투스가 때때로 회의론자라면 신뢰할 수 없다고 여길 법한 전제에 입각해 주장을 편다는 것을 알아챌 것이다. 그렇지만 섹스투스와 피론주의자들은 언제나 영원성을 염두에 두고 말했던 게 아니라 동시대인들을 상대로 말했을 것이다. 그리고 피론주의자들은 동시대인들이 받아들이는 것을 이용해 그들에게 정당하게 맞설 수 있다고 생각했다.

오늘날 우리는 포괄적인 회의론에 대체 어떤 이점이 있느냐는 질문을 자주 듣곤 한다. 그런 회의론에 어떤 이점도 없다는 함의를 가진 수사학적 질문이다. 그러나 피론주의자들은 분명 자기네 회의론에 이점이 있다고 생각했다. 회의론이 마음의 평온, 근심 없는 상태, 즉 아타락시아(ataraxia)를 얻게 해준다고 생각했던 것이다. 그들은 마음의 평온에 관해 한두 가지를 알고 있었다. 여러분의 관점이 옳다는 입장을 고집하고 싶다면 거기에 대가가 따른다는 것을 기억하라. 그럴 때 여러분은 평생 지적인 싸움을 벌여야 할 것이다. 그 싸움이 지적인 싸움에 그친다면 행운이리라. 특히 종교와 정치 영역에서 그런 싸움은 폭탄과 참화로 귀결된다고 알려져왔다. 나는 피론주의자들이 다른 것도 알았다고 생각한다. 그들은 '사물이 우리의 감각에 직접적으로 어떻게 나타나는가'에서 '사물이 실제로 어떠한가'로 나아가는 것이 동시대인 대다수가 생각한 것보다 훨씬 더디고 훨씬 위험하고 훨씬 고된 기획임을 알았다.

피론주의자들이 유달리 좋아한 회의론적 책략은 사물이 나타나는 방식이 사물 자체에만 달려 있지 않음을 상기시키는 것이었다. 그 방식은 사물이 누구에게 나타나는지, 그리고 사물이 어떤 매개를 통해 나타나는지에 따라 달라진다. 이로써 우리는 마지막 '주의/론'으로 들어선다. 바로 **상대주의**다. 상대주의는 특정한 학설이 아니라 학설의 한 유형이다. 바로 지금 지식인들 사이에서 크게 유행하고 있는 유형이라고 덧붙여 말할 수 있으리라. 상대주의를 대강 파악하는 것은 쉬운 일이다. 도덕적 상대주의자는 (순수하고 단순한) 선(善) 같은 것은 없고 이 사회의 선, 저 사회의 선이 있다고 생각할 것이다. 미학적 상대주의자는 어떤 대상이 그저 아름다울 수 있다는 생각을 거부한다. 우리는 언제나 "누구에게, 누구의 눈에 아름다운가?"라고 물어야 한다. '미식적(美食的) 상대주의자'는 파인애플이 맛있는지 여부에는 관심이 없고 "누구에게, 언제, 무엇을 곁들일 때 맛이 좋은가?"라고 물을 것이다. 문학적 상대주의자는 텍스트에 의미가 있다고 믿지 않는다. 기껏해야 다양한 독자들에게 다양한 의미가 있고, 한 독자에게도 시기에 따라 다양한 의미가 있다는 것을 인정할 뿐이다. 합리성에 관한 상대주의자는 합리적인 것이 문화에 따라 상대적이라고 말할 것이고, 그 결과 (이를테면) 주술에 대한 아프리카의 전통적인 믿음에 '서구'의 과학적 기준을 들이댄 뒤 그 믿음이 비합리적이라고 선언하는 것은 타당하지 않다고 말할 것이다.

이런 사례들은 상대주의와 관련된 논점을 여럿 말해준다. 한 가지 논점은 어떤 상대주의냐에 따라 사람들이 처음에 그럴듯하다고 여기는 정도가 크게 다르다는 것이다. 많은 이들은 미학적 상대주의를 쉽게 받아들일 것이고, 어떤 이들은 내가 말한 '미식적 상대주의'가 명백히 옳다고 생각할 것이다. 합리성이 문화에 따라 상대적이라는 주장은 도덕적 가치에 관한 상대주의와 마찬가지로 받아들이기가 훨씬 어려운 학설이다. 이 학설들이 아무도 의심하지 않는 주장, 즉 서로 다른 사회는 서로 다른 믿음을 합리적인 믿음으로 간주하고 서로 다른 도덕적 가치를 공언한다는 주장을 내세우지 않는다는 데 유념하라. 이 학설들이 말하는 것은 이런 믿음과 도덕적 가치가 실제로 무엇인지가 사회에 따라 다를 수 있으며 결코 명백하지 않다는 것이다. 그러므로 누군가 무엇에 관한 상대주의인지 밝히지 않은 채로 상대주의에 관해 계속 지껄인다면, 입을 대충 가리고 하품이나 해버려라.

앞에서 살펴본 사례들은 또다른 중요한 논점도 드러낸다. 다시 말해 특정한 상대주의가 무엇에 관한 상대주의냐라는 논점뿐 아니라 무엇에 따라 상대적이냐라는 논점도 드러낸다. 개인에 따라 상대적인가 아니면 사회에 따라, 문화에 따라(다문화 사회가 많이 있다), 역사적 시대에 따라, 혹은 다른 무언가에 따라 상대적인가? 상대주의의 이런 형태들은 '미식적 상대주의'처럼 개인에 초점을 맞추는 것이 그럴듯한 경우 한층 유리하다. 사회와 문화, 시대와 달리 개인은 어디서 시작하고 어디서 끝나는지가 명확하기 때문이다. 유럽인들이 자기네의 과학적 기준으로 주술에 대한 아프리카의 믿음을 판단하지 말아야 한다면, 그 기준으로 주술에 대한 유럽의 믿음을 판단하는 것은 타당할까? 아니면 주술에 대한 현대 유럽의 믿음만 판단해야 할까? 아무런 도덕적 거리낌도 없이 원하지 않는 아기를 일상적으로 유기하고 죽게 내버려두는 사람들과 여러분이 뒤섞여 살아간다고 상상해보라. (그런 사회들이 존재해왔다.) 여러분은 "그들은 프랑스어를 말하고 우리는 영어를 말해"라고 말하는 것처럼 그저 "뭐 좋아. 그건 그들의 생각과 도덕적 문화이고 우리 것은 달라"라고 말할 수 있을까? 쓰라린 경험은 많은 이들이 그렇게 하기 어렵다는 것을 말해준다.

짧은 문단으로 도덕적·지적 상대주의에 관한 논의를 갑자기 마무리할 수 있다는 인상을 준다면 나는 부족한 안내자일 것이다. 그렇지라도 몇몇 지역에서 상대주의가 곤경에 처해 있다는 것은 알아두라. 이론적으로 곤경인 이유는 상대주의가 정확히 무엇을 말하고 무엇을 말하지 않는지를 명확하게 언명하기가 어렵다는 것이다. 실천적으로 곤경인 이유는 위기가 닥칠 때 상대주의를 지지하기가 어렵다는 것이다.

제 7 장

흥미로운 저작들

나의 선택

제2, 3, 4장에서 우리는 철학 저작 세 편을 자세히 살펴보았다. 이 장에서는 내가 좋아하는 저작 몇 편을 추가로 간략하게 소개한다. 이것은 나의 선택이다. 다른 저자라면 십중팔구 전혀 다른 저작들을 선택할 것이다. 나는 고작 몇 편만 골랐다. 그러나 저작들이 훨씬 많다는 것을 명심해라. 여러분이 아무리 많이 읽어도 읽지 않은 저작은 여전히 많을 것이다.

데카르트:『방법서설』

제2장에서 나는 플라톤의『크리톤』에서 전개되는 윤리적 논의가 흡사 어제 일처럼 읽히는 반면에 플라톤의 우주론은

우리를 완전히 다른 세계로 데려간다고 말했다. 그러나 지금과 다른 우주론을 접하기 위해 그렇게까지 먼 과거로 되돌아가야 하는 것은 아니다. 400년만 되돌아가도 충분하다. 알다시피 1600년은 코페르니쿠스(Copernicus)가 태양을 태양계의 중심으로 이동시키고 지구를 태양 주위를 도는 엇비슷한 행성들 중 하나로 격하시킴으로써 프톨레마이오스적 천문학을 대체한 지 50년 남짓 지난 때였다. 그러나 당시 코페르니쿠스를 믿는 이는 거의 없었다. 갈릴레오(Galileo, 1564~1642)는 아직 자신의 주장을 공공연히 옹호하기 전이었고, 그가 지동설을 주장한 뒤에도 모두가 **그를** 믿은 것은 결코 아니었다.

사태는 지구가 자랑스러운 중심 위치에서 쫓겨나는 데 그치지 않았다. 사실 쫓겨났다고 보기 어려웠는데, 오늘날이라면 물리학이라 부를 당대의 자연학에 따르면 우주의 중심은 그리 탐나는 장소가 아니었기 때문이다. 그 중심은 가장 저급한 물질이 모이는 곳, 우주의 쓰레기장이라 말해도 무방할 곳이었다. 다른 요인들이 훨씬 더 중요했다. 성서의 구절들은 지구가 멈춰 있다고 주장하는 듯하다. 그런데 정당한 권위를 언급하거나 존중하지 않으면서 자신의 추론을 토대로 성서의 구절들을 거부하거나 적어도 재해석할 각오가 된 개인이 등장했다. 더욱이 갈릴레오는 차치하고라도 코페르니쿠스의 주장마저 당시 대학들을 지배하던 (신아리스토텔레스주의적) 자연학 및 우주론과 충돌했다.

(신)아리스토텔레스주의자에게 물질 가운데 더 저급한 두 종류는 흙과 물이다. 다른 두 종류인 공기와 불과 달리, 흙과 물은 자연히 우주의 중심으로 가려고 애쓴다. 그 결과 우주의 중심에서 흙과 물로 이루어진 구형 덩어리가 형성되었으며 그것이 지구다. (여러분이 아무리 자주 들었더라도 중세인들이 지구가 평평하다고 믿었다는 것은 사실이 아니다!) 그러나 달과 태양, 행성, 별은 흙과 물은 물론 공기와 불로도 이루어져 있지 않다. 이 천체들은 변질되지도 변화하지도 않는 제5원소인 에테르로 이루어져 있으며, 원형 궤도를 따라 신처럼 평온하게 영원히 회전하는 것이 하는 일의 전부다. 오늘날의 새로운 천문학은 이런 구별을 날려버리려 한다. 우리가 서 있는 위치에서 사물들이 어떻게 보이고 느껴지든 간에, 지구 자체는 우주 안에 있다. 그리고 천체들은 지구와 완전히 별개가 아니라, 지구 자체 못지않게 과학적 연구의 적절한 대상이다. 그 외에도 새로운 과학자들은 본질과 목적 같은 용어로 표현된 설명을, 사물을 구성하는 입자와 수학 법칙의 지배를 받는 역학적 인과관계에 관한 이야기로 대체하려 한다.

이 모든 것은 몇 가지 층위에서 한꺼번에 일어난 지적인 대변동을 나타낸다. 이 일대 변화는 흔히 과학혁명이라 불리는데, 변화의 규모를 담아내기는 하지만 변화가 빠르게 일어났다는 그릇된 인상을 주는 이름이다. 과학혁명이 회의론의 성장을 동반했다는 것은 놀랄 일이 아니다. 널리 받아들여진 최고의 지혜가 2,000년에 걸친 의기양양한 역사와 더불어 추락하는 광경을 목도할 때의 자연스러운 반응은 인간의 지식에 완전히 절망하고 탐구를 중단하는 것이었기 때문이다.

르네 데카르트(1596~1650)는 아리스토텔레스주의를 예로부터 신성시되어온 오류의 체계라고 보았다. 회의론자들도 그렇게 보았지만, 그들과 달리 데카르트는 아리스토텔레스주의를 걸림돌, 즉 회의론 자체와 마찬가지로 자연에 대한 인간의 지식을 가로막는 걸림돌로 여겼다. 이런 이유로 데카르트는 야심만만한 계획을 구상했다. (얼마나 야심만만한 계획인지 알았다면, 데카르트는 그때 거기서 멈추었을지도 모른다. 그러므로 우리는 데카르트가 몰랐다는 데 감사해야 하리라.) 데카르트는 어떤 의심도 불가능한 지점으로 되돌아간 뒤 틀릴 여지가 없는 단계들을 따라 인간의 지식을 재건함으로써, 회의론을 일소하고 짐작건대 아리스토텔레스주의까지 제거하며 전진하고자 했다. 자신의 재건이 오래되고 낡고 비틀거리는 방향으로 되돌아갈 것을 데카르트는 전혀 기대하지 않았다. 그런 다음 데카르트는 인간 지성의 이런 영웅적인 대탈출의 가치를 과학에서의 입증 가능한 진보로 예증하고자 했다. 광학, 물리학, 생리학, 기상학 모두 데카르트가 글을 쓴 주제들이었다.

『이성을 잘 인도하고 여러 학문에서 진리를 탐구하기 위한 방법서설Discours de la méthode: Pour bien conduire sa raison, et chercher la vérité dans les sciences』(1637)은 데카르트의 가장 유명한 저작이 아니다. 그렇게 불릴 자격은 분명 『성찰』(1641)에 있다. 그러나 『방법서설』은 적은 분량으로 데카르트의 사유를 대부분 맛보게 해준다는 이점이 있다. 무엇보다 이 저작은 데카르트의 기획 전체가 생겨난 환경과 동기에 대한 아주 중요한 자전적 서술을 포함한다.

그러면 두 시간쯤—분명 이 정도면 충분하다—확보해두고 공식 교육을 받았으나 "공부를 하면 할수록 내가 무지하다는 것만 점점 더 발견될 뿐 그 어떤 이득도 없는 것처럼" 느끼고 "사람들이 전에 나에게 희망을 품게 했던 그 어떤 종류의 학설도 이 세상에 존재하지 않는다"라고 여겼던 데카르트의 혼란에 공감하며 시작해보자. 물론 데카르트가 배운 과목들 중 일부는 가치가 있으며, 데카르트는 언어와 역사, 수학, 웅변, 시 각각의 이점이 무엇인지 말한다—그렇지만 웅변과 시는 "배움의 산물이라기보다는 정신의 타고난 재능"이다. 철학에 관해 말하자면, 철학의 주요 '이점'은 "모든 것에 대해 그럴듯하게 말하는 수단과 학식이 적은 사람들로부터 찬탄을 사게 하는 수단"을 제공한다는 것이다—스콜라 철학의 아리스토텔레스주의는 이런 이점을 주는 것이 고작이다. 이런 이유로 데카르트는 일정한 나이가 되자 학교 공부를 집어치우고 여행을 떠나 당시 유럽에서 들끓고 있던 전쟁〔1618년에 발발해 1648년에 끝난 30년전쟁을 가리킨다〕에 가담했다. 데카르트는 활동하는 사람이 학자보다 진리를 더 많이 찾아낼 수 있다고 생각했다. 어쨌든 활동하는 사람의 잘못된 판단은 실제로 그에게 되돌아가는 반면에 학자는 사색으로 실질적인 결과를 낳지 못하거니와 판단을 잘못해도 벌을 면할 수 있기 때문이다.

데카르트가 여행하며 배운 한 가지는—그가 콕 집어 말하듯이 철학자들의 의견 사이에 큰 차이가 있는 것처럼—지역에 따라, 또 사람들에 따라 관습이 아주 다양하며, 따라서 '관습과 선례'를 통해서만 배운 것에는 의존하지 않는 편이 좋다는 것이다. 이 단계에서 많은 이들은 (데카르트 당대보다 오늘날에 훨씬 더) 허망한 회의론이나 게으른 상대주의로 빠져들지 모른다. 그러나 데카르트는 달랐다. 데카르트의 대응은 틀린 의견들의 그릇된 지도를 받으며 살아가지 않으려면 일생에 한 번은 자신의 신념체계 전체를 허물고 새로 건설해야 한다는 것이었다. 더군다나 데카르트는 이 재건 작업을 자진해서 실행하기로 마음먹었다.

자기 생각이 덜 뚜렷하거나 자신감이 더 적었던 많은 동시대인들과 더불어 틀림없이 위기를 경험하면서도 데카르트가 이처럼 굴하지 않고 적극적으로 대응한 배짱에 우리는 놀라지 않을 수 없다. 데카르트가 정말 이렇게 대응할 의도였음을 우리가 믿는다면 말이다. 그러나 나는 데카르트에게 그럴 의도가 없었다고 생각할 근거를 알지 못한다. 『방법서설』 제2부에서 우리는 데카르트가 행여 자신을 사회개혁가나 정치개혁가, 종교개혁가로 간주할 독자들을 안심시키기 위해 애쓰는 모습을 보게 된다. "공적인 업무를 다룰 위치에 있지 않으면서도 어떤 새로운 개혁을 노상 머릿속에 그리는 주제넘고 침착하지 못한 기질의 소유자를 나는 도무지 이해할 수가 없다. …… 내 자신의 생각을 개혁하고, 내 소유의 땅에 건물을 세우려고 한 것 외에 나는 더이상 아무것도 의도하지 않았다." (신중하고 괜찮은 시도이지만 설득력은 전혀 없지 않은가? 전면 쇄신한 자신의 신념체계를 다른 사람에게 권할 마음이 없는 것처럼 말한다!) 그런 다음 제3부에서 데카르트는 자신의 신념들을 보류하는 동안에도 그럭저럭 살아갈 수 있도록 조치를 취한다. "우리가 살 집을 다시 짓기에 앞서…… 집을 짓는 동안 편하게 지낼 수 있는 집을 별도로 마련해야" 하기 때문이다. 따라서 실생활에서 데카르트는 자기 주변에서 볼 수 있는 가장 사려 깊고 온건한 견해와 행위에 따라 그저 어정쩡하게 살아가고자 한다. 이런 태도는 데카르트가 고대 회의론자들—신념체계를 재건할 마음이 없었으므로 데카르트가 직면했던 것과 동일한 문제에 영원히 직면했던 이들—의 권고사항에 대한 섹스투스 엠피리쿠스의 기록에서 발견할 수 있었을 법한 태도의 수정판이다.

신념체계의 철거는 어떻게 진행되고 데카르트는 자신의 토대를 어디서 발견하는가? 제4부 초입에서 데카르트는 갑자기 자신감을 잃은 체한다. 데카르트는 자신의 성찰이 "아주 형이상학적이고…… 어쩌면 모든 사람의 취향에 맞지 않을 수도" 있다는 이유로 말을 할지 말지 주저한다. 그러나 어쨌든 말을 한다. 제4부에서 데카르트는 자신의 가장 유명한 저작인 『제1철학에 관한 성찰』을 빠르게 요약한다.

첫째, 조금이라도 의심할 근거가 있는 믿음은 모두 보류해라. (이런 근거가 실제로 당신에게 **의심스럽게 느껴지는지** 여부는 신경쓰지 마라. 대부분 의심스럽게 느껴지지 않겠지만, 당신만 그렇게 느끼는 것일 수 있다.) 당신의 감각은 때때로 당신을 기만하므로 감각이 아무때나 당신을 기만할 가능성, **시종일관** 당신을 기만할 가능성을 고려해라. 감각은 꿈이나 환영보다 참된 것이 아니다. 그러나 지금 당신이 생각하고 있다는 믿음은 어떤가? 이 믿음은 의심할 여지가 없는데, 당신이 생각하고 있는지를 의심하는 것 역시 생각하는 것에 해당하기 때문이다. 의심이 스스로를 물리치는 것이다. 만일 내가 생각하고 있다면, 나는 틀림없이 존재한다고 데카르트는 성찰한다. 이로써 우리는 악명 높은 나는 생각한다, 그러므로 존재한다에 이르렀다.

여러분은 극히 까다로운 시험을 통과하고 남은 것이 별로 없는 토대 위에 데카르트가 어떻게 무언가를 재건한다는 것인지 의아해할 것이다. 그러나 데카르트는 재건 작업에 주눅 들지 않는다. 데카르트는 나 자신이 존재한다는 것이 절대적으로 확실하다는 것을 확인했다. 그렇지만 다른 모든 것은 의심할 수 있으며, 여기에는 데카르트 자신의 신체까지 포함된다. 그러므로 데카르트(그의 정신, 영혼, 자아)는 신체와 구별되고 신체 없이도 존재할 수 있는 다른 무언가여야 한다. 신체와 정신은 별개다. 이것이 우리가 제6장에서 살펴본 유명한(또는 악명 높은) 데카르트적 이원론이다.

다음으로 데카르트는 자신이 완전한 존재인 신의 관념을 갖고 있다고 말한다. 그렇다면 질문이 제기된다. 데카르트는 그런 관념을 생각하는 능력을 어떻게 얻었는가? 데카르트가 다른 저작에서 지적하듯이, 당신이 극도로 복잡한 기계의 설계도를 알고 있다면 우리는 당신이 특출한 기계공이거나 누군가로부터 그 설계도를 얻었다고 생각할 것이다. 데카르트는 자신이 완벽함과 거리가 멀다는 것을 알고 있었으므로, 완벽한 존재의 관념이 자신으로부터 나올 수 없고 실제로 완벽한 존재로부터만 나올 수 있다고 생각했다. 자신의 정신에 있는 관념은 자신을 창조한 신이 남긴 서명이었다.

많은 독자들은 완벽한 존재에 대한 데카르트의 관념이 너무나 막연하고 모호하고 한마디로 불완전하므로 데카르트가 제시하는 근거 외에 다른 어떤 근거가 필요하다고 생각할 것이다. 그러나 데카르트는 신의 존재가 증명되었다고 보고 한 걸음 더 내딛었다. 자신이 얻을 수 있는 인식 가운데 가장 명석 판명한 인식을 얻었을 때, 그 인식은 틀림없이 참이라고 데카르트는 말했다. 참이 아니라면 신이 자신에게 준 능력이 원리적으로 자신을 잘못 인도한다는 뜻이 되고, 또 신이 기만자이고 따라서 불완전하다는 뜻이 되기 때문이다. 그러므로 우리가 최선을 다해도 거짓으로 귀결될 수 있다고 회의론이 말한다면, 그런 회의론일랑 무시해버려라.

제5부에서 우리는 다시 데카르트의 자전적 서술을 접한다. 데카르트는 자신의 과학 저술, 즉 "주요한 진리들을 설명하려" 했으나 "여러 생각 끝에 출간을 보류한 논문"을 거론한다. 여기서 "여러 생각"이란 가톨릭교회가 갈릴레오의 저술을 단죄한 사건을 고려했음을 가리키며, 이 점은 제6부에서 (이름을 언급하진 않지만) 더 분명하게 밝혀진다. 제6부에서 데카르트는 논문 출간을 보류하기로 결정했던 이유들, 그리고 입장을 바꿔 자신의 결과물 중 일부를 어쨌든 『방법서설』에 수록하기로 결정한 이유들을 제시한다. 그 이유들은 상당히 난해하며 데카르트가 갈릴레오의 재판 소식에 겁을 먹고 논

문 출간을 단념했다는 의구심을 말끔히 털어내지는 못한다.

『방법서설』에는 유감스러운 사소한 점이 하나 있다. 데카르트는 저명한 수학자이자 비범한 물리학 연구자였다. 아이작 뉴턴(Isaac Newton, 1642~1727)의 저술이 17세기 말에 이르러 데카르트의 물리학을 일소한 것은 사실이지만, 30대 말까지 뉴턴은 데카르트의 물리학을 받아들였고 그 안에서 연구하려 했다. 그러나 제5부에서 데카르트가 선택하는 주요 사례는 인간 심장의 운동에 대한 자신의 이론이며, 오늘날 이 이론은 그야말로 기상천외하게 들린다. 데카르트는 심장이 신체의 다른 어떤 부분보다 훨씬 뜨겁다고 믿었고, 심장이 가동 중인 증류주 제조소라는 식으로 말했다. (일부 독자들은 실망할 테지만, 심장이 증류하는 것은 혈액뿐이다.)

이런 작은 결함에도 불구하고(또는 어느 정도 이런 결함 때문에) 『방법서설』은 풍성하고 기억할 만한 저작이다. 근대 사상의 걸출한 창건자가 50쪽 남짓한 글에서 자기 자신, 아리스토텔레스주의, 회의론, 학계의 반동, 여론과 교회의 의견, 물리학, 우주론, 생리학을 붙잡고 씨름한다. 그러니 이 책은 그야말로 만찬이라 할 만하다.

11. 생리학자로서의 데카르트 — 벌거벗은 데카르트주의자는 당연히 한기를 조금 느끼고 있다.

헤겔: 『역사철학 강의』 서론

우리는 제6장에서 간략하게나마 게오르크 빌헬름 프리드리히 헤겔(Georg Wilhelm Friedrich Hegel, 1770~1831)을 접했다. 헤겔은 막대한 영향을 끼쳤다. 다음 두 절에서 헤겔의 영향을 받은 두 가지 중요한 사례를 살펴볼 테지만, 이들 사례는 헤겔 현상의 규모를 어렴풋이 느끼게 해줄 뿐이다. 헤겔에 대항해 두 가지 아주 중요한 운동이 시작되었다. 하나는 덴마크인 쇠렌 키르케고르(Søren Kierkegaard)를 통해 발전한 실존주의이고, 다른 하나는 영국에서 G. E. 무어(G. E. Moore), 버트런드 러셀(Bertrand Russell), 청년 시절 루트비히 비트겐슈타인(Ludwig Wittgenstein)을 통해 발전한 분석철학이다. 거물급 사상가들이 사람들의 마음을 헤겔에게서 돌리려고 대안을 제시했지만 그 효과는 부분적·지역적·일시적일 뿐이었다.

이 지점에서 헤겔의 저작을 소개하는 데는 다른 이유도 있다. 이제껏 우리가 살펴본 거의 모든 철학은 비교적 평범한 것, 매일 고려하는 것에서 시작한다. (소크라테스: 내가 친구들의 제안을 따른다면 자식들에게 무슨 일이 닥칠까? 흄: 다른 이들이 말하는 것을 언제나 믿을 수는 없다. 데카르트: 권위자들 사이에 의견 충돌이 아주 많을 때 근본적인 것들로 되돌아가 다시 시작하는 것 말고 우리가 달리 무엇을 할 수 있는가?) 이와 달리 『역사철학 강의』에서 헤겔의 사상은 현실과 이 현실을 움직이는 힘에 대한 장대한 견해에서 생겨난다. 이것은 아주 진지한 형이상학이다.

헤겔은 흔히 몹시 난해한 철학자라 불린다. 이 평가를 부인할 생각은 없다. 여러분이 헤겔 저작의 한 면을 임의로 골라 맨 위부터 맨 아래까지 읽는다면, 맨 아래부터 맨 위까지 거꾸로 읽는 편이 낫겠다고 느낄지도 모른다. 그러나 헤겔 철학을 처음 접하는 사람에게 가장 귀중한 경험 중 하나는, 장대한 형이상학적 견해를 염두에 두고 텍스트에 접근할 때 텍스트가 얼마나 더 쉽게 읽히는지를 깨닫는 것이다. 큰 그림이 핵심이므로 우선 그 그림을 어느 정도 파악하려 해보자. 제1장에서 어떤 철학은 기이하게 보이리라고 말했던 경고를 떠올려라. 여러분이 『역사철학 강의』 서론을 읽고 나면, 그러고 나서도 헤겔 철학을 한 마디도 믿지 않을 수도 있지만, 헤겔 철학이 덜 기이하게 보일 것이다. 자, 시작하자.

먼저 '이념'이라 불리는 것을 살펴보자. 이념을 플라톤의 이데아들과 상당히 비슷한 것, 즉 세계에서 사물과 사건이 갖추는 형태와 본성의 근원인 추상적인 보편자들의 체계라고 생각해보라. 그러나 이념은 두 가지 중요한 점에서 플라톤의 체계와 다르다. 첫째, 이념은 고도로 구조화된 체계이며, 이념의 구조는 어떤 의미에서 **전개 중이다**. '어떤 의미에서'라고 말한 이유는 이념이 시간의 흐름에 따라 조금씩 전개되는 것이 아니기 때문이다. 헤겔의 학설에 따르면 이념은 사유의 자연스러운 순서를 구현한다. 따라서 한 요소에 대한 사유는 정신을 가차없이 다른 요소로 이끌고, 이 두 요소에 대한 사유는 다시 정신을 셋째 요소로 이끌며, 체계 전체가 드러날 때까지 이 과정이 계속된다.

두번째 큰 차이점은, 플라톤은 이데아들이 다른 무엇과도 독립적으로 존재한다는 듯이 말하는 반면에 헤겔의 이념은 무언가를 구현하는 한에서만 존재할 수 있다는 것이다. 그러므로 '자연'—우리를 둘러싼 구체적인 대상들의 익숙한 집합—이 반드시 있어야 한다. 그리고 자연은 이념을 구현하기 위해 존재하므로 이념의 속성들을 모두 반영한다. 이념과 관련해 비유적으로 말했던 '전개'는 자연의 변화하는 패턴 안에서는 말 그대로 겉으로 나타난다.

그러므로 이념과 자연은 아주 밀접한 관계다. 각각은 다른 하나의 한 형태다. 그러나 동시에 이념과 자연은 서로 정반대라고 생각해도 무리가 아닐 만큼 다르다. 이념은 추상적이고 시간적이지도 공간적이지도 않은 반면 자연은 시공간적이고 구체적이다. 이념은 보편자들과 일반적인 개념들로 이루어지는 반면 자연은 무수히 많은 특수한 사물들로 이루어진다. 그리고 자연은 물질적이지만 이념은 분명 그렇지 않다. 헤겔은 이런 상황—정반대이지만 어떤 의미에서는 동일한 이념과 자연이 존재하는 상황—을 대단히 특징적인 사상의 출발점으로 삼는다.

여러분이 여러분 자신에 관한 어떤 것, 이를테면 여러분이 이런저런 문제에 관해 진짜로 생각하는 것을 알고 싶어한다고 해보자. 명상에 잠긴 채로 앉아서 여러분 자신의 사유를 들여다보려 애써야 할까? 그렇지 않다. 여러분은 그럴 경우 내가 보고 싶은 것이라면 뭐든지 볼 수 있다고 생각할 것이다. 여러분은 무언가를 해야 한다. 무언가를 제작하고, 무언가를 쓰고, 일반적으로 말해 **여러분을 표현하는 무언가**, 즉 여러분 자신의 산불을 만들어내야 한다. 그리고 그것을 바라봐야 한다. 그 산물이 여러분 자신에 관해 말해줄 것이다.

좋은 조언이지만 특별히 새로울 것은 없다. ("우리의 산물로 우리 자신을 알리라.") 그러나 헤겔은 이 조언을 아주 놀랍게 (그리고 다소 모호하게) 활용한다. 헤겔이 자연을 이념의 구체적인 표현으로 여긴다는 것에 유념하라. 자연이 생겨남으로써 이념은 **자신의 산물**에 직면하며, 이념이 스스로를 이해하기 시작할 상황이 무르익는다. 이렇게 해서 헤겔이 말하는 **정신**(Geist)—자각, 의식—이 탄생한다. 인간의 정신은 이 **정신**의 수단이지만, 인간의 정신 안에서 실제로 일어나는 일은 이념이 완전한 자기이해를 향해 서서히 나아가는 과정이다. (내가 말한 대로 헤겔 철학은 난해한 형이상학이다!) 여기서 끝이 아니다. 헤겔은 현실의 온전한 목적이 바로 이것, 즉 이념이 자신의 본질을 완전히 인식하는 것이라고 생각한다. 그리고 이 일은 우리 안에서, 인류의 정신 안에서 일어난다. 우리에게 이보다 더 위신이 서는 역할을 할당한 철학자는 일찍이 없었다. 그런 철학자가 나올 수 있었겠는가? 헤겔의 평가는 인간의 자기평가의 상한선이다.

그렇다면 역사는 어떻게 되는가? 역사는 의식적 존재와 문화라 부를 만한 것이 나타날 때, 즉 우리가 헤겔의 세번째 단계인 **정신**에 도달할 때 비로소 시작된다. 역사는 이성, 즉 이념에 의해 추동된다. 헤겔은 아무런 거리낌없이 이것이 입증된 사실이라고, (자신의) 철학이 보여준 것이라고 선언한다. 역사에서 이념은 자신의 이성적 과정을 전개하고 있다.

이 사상이 여러분에게는 생경할지라도 헤겔의 청중 대다수에게는 아주 익숙했으리라는 데 유념하라. 헤겔의 사상은 그의 청중이 자라며 받아들였던 무언가와 흡사하다. 섭리가 작용한다. 인생의 세속적인 일들 이면에는 자신의 목적을 실현 중인 신이 있다. 온갖 어려움에도 불구하고 선이 악을 점차 물리치고 있다. 결국에는 다 잘될 것이다. 이런 말에 코웃음을 치는 이들을 포함해 우리 모두는 이 사상에 익숙하다. 헤겔 철학의 낯선 점은 첫째로 '다 잘된다'에 대한 그의 생각, 즉 모든 것을 추동하는 이념이 자신의 본질을 완전히 인식하게 된다는 생각이다. 두번째로 낯선 점은 모든 것을 추동하고 있는 것—인격적인 신이나 신격화된 초인이 아니라 형상들로 이루어진 플라톤의 체계와 비슷한 이념—에 대한 헤겔의 고도로 지적인 설명이다. 청년기에 신학생이었던 헤겔은 자신의 사상을 정통 기독교 이야기처럼 제시하는 법을 완벽하게 알고 있었고(실은 그 이야기를 개선하고 있다고 생각했다), 여러분이 곧 확인하겠지만 그 누구 못지않게 설교를 잘했다.

그러나 역사는 분명 사람들의 행위에 의해 추동되지 않는가? 그리고 사람들은 각자의 계획과 이해관계, 동기를 갖고 있다. 그들이 **하고 있지 않은** 일 한 가지는 이념이 스스로를 완벽하게 인식하도록 애쓰는 것이다. (어떻게 그럴 수 있겠는가? 그들 대다수는 그런 일을 들어본 적도 없다.) 이제 우리는 유명한 학설을 만나게 된다. 바로 이성의 계략이다. 그들이 인식하지 못하더라도, 이념(또는 이성)은 실제로 작용하면서 그들에게 영향을 끼치고 그들을 자신의 목표 쪽으로 이끌고 있다.

그렇다면 고대의 운명의 여신들처럼 우리를 업신여기고 우리 삶을 조종하는 외부의 힘이 있다는 말인가? 그렇지 않다. 헤겔의 견해는 그보다 더 미묘하고 덜 미신적이다. 헤겔의 장대한 계획에서 우리의 정신은 이념을 구현하면서도 아직 이념을 명확하게 의식하지 못하고 있음을 유념하라. (유전자—헤겔은 유기체 비유를 흔쾌히 용인했다—가 성인 유기체를 '포함'하면서도 성장하고 발달하는 과정을 통해서만 그 유기체를 서서히 보여주는 방식을 떠올려라.) 존재를 감춘 채 활동하는 이 무언가가 우리 안에 있기 때문에 우리는 우리 자신의 제한적이고 개별적인 목적과 목표를 의식적으로 추구하는 가운데 실제로 이성에 이바지할 수 있다.

이념은 이제 **정신**으로서 '세계사적 개인들'(여러분이 역사책에서 읽는 유명한 인물들)의 의지를 통해 역사의 행로를 지시한다. 그들은 다른 동시대인들보다 **정신**의 요구를 조금 더 느끼고, 현재 사태에 대한 불만을 조금 더 날카롭게 감지하며, 거기에 조금 더 주의를 집중한다. 헤겔은 그들에 대해 이렇게 썼다(헤겔이 글을 쓸 줄 몰랐다고 누가 말해도 절대 믿지 마라!). "그들은 안정되고 질서정연한 체계에서 자신의 목적과 소명을 이끌어내지 않고…… 그 내용이 숨겨져 있고 아직 현실적 존재로까지 진척되지 않은 원천에서 이끌어낸다." 그들은 세계를 바꾸고, 국가를 통일하고, 제국을 창건하고, 정치 제도를 확립하는 지도자다. 그리하여 일단 사태가 바뀌고 나면, 사회나 국가는 스스로 산출한 무언가를 마주하고—자기이해를 높이는 상황임을 상기하라—자신의 진정한 열망에 관해 조금 더 알게 된다.

사회나 국가는 열망이 수반하는 문제에 관해서도 더 알게 된다. 우선 한 상태에서 다른 상태로의 이행이 충돌과 투쟁 없이 순조롭게 이루어지는 경우는 거의 없다. 헤겔이 말하는

"안정되고 질서정연한 체계"는, 특히 **정신**의 다음 행보에 대한 잠재적 의식이 자신 안에서 아직 전개되지 않은 이들에게 언제나 호소한다. 이들은 변화를 위해 분투하는 세계사적 개인에 저항하는 반동자가 된다. 이 반동자들은 조금 더 진전된 의식 상태에 있는 사람들, 새로운 방향이 옳은 방향임을 감지하고서 지도자 뒤로 집결한 사람들과 대립한다.

그렇지만 어디까지나 **당분간** 그럴 뿐이다. 헤겔에 대한 논의를 시작하면서 말한 이상한 생각, 즉 이념은 비유적 의미로 전개를 내포한다는 생각을 떠올려라. 존재하거나 발생하는 모든 것은 이념을 반영하고, 모든 것에는 당연히 역사가 포함되며, 역사는 비유적 의미가 아니라 말 그대로 이념의 '전개'를 드러내 보인다. 여러분이 헤겔의 『논리학』을 읽는다면 알게 될 테지만(그러나 이 저작이 절망적일 정도로 어렵다는 것은 알아두라), 이념은 언제나 대항하는 개념들의 충돌과 그 충돌의 해소를 통해 전개된다. 그런데 충돌의 해소는 또다른 대항을 내포하고 있음이 드러나고, 충돌이 다시 해소되며, 이 과정이 체계 전체가 완전해질 때까지 계속된다. 그러므로 이념은 정치적 영역 안에 있다. 충돌은 새로운 질서로 귀결되지만, 오래지 않아 새로운 질서 자체가 긴장을 드러낸다. 다음 충돌의 씨앗이 현 질서에 이미 내재해 있으며, 그 씨앗이 성숙하면 현 질서는 소멸되고 만다. 여러분은 헤겔이 지지하는 형이상학이 터무니없고 엉뚱하고 모호하다고 생각할지 모르지만, 헤겔이 이 형이상학을 인류의 역사에 적용한 결과는 분명 멍청하지 않다. 진보가 충돌에서 생겨난다는 이 생각이 바로 '변증법적'이라고 알려진 생각이다. 이 생각은 헤겔의 사상뿐 아니라 마르크스의 사상에도 속속들이 스며들어 있으며, 마르크스의 철학이 흔히 '변증법적 유물론'이라 불리는 이유가 여기에 있다(118쪽과 196쪽 참조).

헤겔의 이런 생각에는 개인을 위한 위안이 거의 없다는 데 유의하라. 이념은 자기인식에 도달하고 분명 이 과정은 때마침 존재하는 수단일 뿐인 사람들의 정신 안에서 진행된다. 그러나 이념은 특수한 개인의 정신에는 전혀 개의치 않는다. 역사는 개인들이 일단 역사에 이바지하고 나면 그들을 버린다. 세계사적 개인들마저, 또는 특히 그들이 그렇게 버림받는다. "그들은 목적을 성취하고 나면 열매 없는 껍질처럼 시들어 떨어진다." 율리우스 카이사르는 제 본분을 다한 뒤 척살당했다. 나폴레옹 역시 제 역할을 다한 뒤에는 전쟁에서 패하고 붙잡혀 엘바 섬에서 갇혀 썩어갔다. 한 개인은 없어도 그만인 수단일 뿐이다. 신은 우리 개개인을 사랑할 테지만, 이념은 우리 중 일부가 존재하고 본분을 다하는 한, 개개인에 전혀 개의치 않는다. 이런 이유로 헤겔주의는 막대한 영향을 끼쳤음에도 인기 있는 대중철학이 되기 어렵다.

12. 충돌을 통한 진보: 바스티유 감옥 습격. 프랑스 혁명이 일어났을 때 헤겔은 19세였다. 이 사건은 헤겔에게 깊은 인상을 남겼다.

찰스 다윈: 『종의 기원』

우리가 이 매혹적인 책에서 제일 먼저 배우는 것은 철학과 과학을 구분하는 선을 깔끔하고 분명하게 긋는 일에 너무 신경쓰지 말라는 것이다. 나는 철학과 과학 사이의 경계선이 불분명하다고 믿지만, 요점은 그 선이 분명하냐는 것이 아니다. 중요한 점은 그 선이 (설령 있더라도) 철학에 그다지 중요하지 않다는 것이다. 합리적인 방식으로 경계선을 긋는다면 찰스 다윈(Charles Darwin)의 『종의 기원The Origin of Species』(1859)은 언제나 과학, 더 구체적으로 말하면 생물학에 속한다. 그러나 다루는 주제와 내세우는 주장 양면에서 이 책만큼 철학에 심대한 영향을 끼친 책은 거의 없다. 우리에 관한, 그리고 우리가 어떻게 지금과 같은 우리가 되었는지에 관한 아주 놀라운 명제를 함축하고 있기 때문이다. 오늘날 우리에게는 놀랍지 않겠지만 다윈의 동시대인 대다수에게는 경악할 만큼 놀라운 저작이었다. 그리고 지금도 어려운 균형 잡기를 시도하는 이들, 즉 이 책을 거부하면서도 그저 무지하거나 편견에 사로잡힌 사람으로 보이지 않으려는 이들이 많이 있다.

어떤 의미에서 『종의 기원』은 놀라운 명제를 '함축'하는 것보다 훨씬 많은 일을 한다. 자연선택 이론 옹호론을 아주 신중하게 쌓아올리고, 사려 깊게 평가한 풍부한 증거들로 그 옹호론을 뒷받침한다. 다윈은 자연선택 이론을 처음 제기한 사람이 아니었다(다윈 자신이 『종의 기원』 서론에서 이 이론의 역사를 간략하게 말해준다). 그러나 이 이론을 뒷받침할 수많은 증거들을 모으고 이 이론의 난관과 정직하게 대결한 사람은 다윈이 최초였다. 1859년 이전에는 종이 변이를 일으키고 다른 종에서 발생한다는 견해를 거부하기가 쉬웠다. "싫어"라고 말하면 그만이었다. 이 견해는 사람들의 다른 (확고한) 믿음과 충돌했고, 많은 전문가들의 반대에 부딪혔으며, 이 견해를 옹호하는 진지하고 그럴듯한 의견도 없었다. 1859년 이후에는 이 견해를 거부하기가 결코 쉽지 않았다. 물론 쉽지 않음을 알아채지 못한 이들이 많긴 했다.

그렇지만 다른 의미에서 '함축'은 딱 들어맞는 표현이다. 다윈은 (이 책에서) 다른 모든 종과 마찬가지로 인류도 일반 이론으로 설명할 수 있다는 자신의 의견을 전혀 부각시키지 않는다. 마지막 장에 도달하거나 곧장 마지막 장을 읽는 독자들은 신중하게 서로 상당히 떨어뜨려 배치한, 오독할 여지가 없는 두세 문장을 발견할 것이다. 이 문장들을 빼면 다윈은 인간을 언급하지 않는다. 흔한 착각 한 가지는 『종의 기원』의 종이 우리 인간 종을 뜻한다고 가정하는 것이다. 결코 그렇지 않다. 우리에 관한 내용은 거의 없다.

제1장의 상당 부분이, 실은 절반이 비둘기에 관한 내용이다. 비둘기는 다윈의 전략에 안성맞춤이다. 다시 말해 다윈은

논란의 여지가 없는 주장, 즉 선택—한 새를 다른 새와 교배시키는 사육가의 선택—을 통해 품종을 바꿀 수 있다는 주장으로 논의를 시작한다. (아니나 다를까 소와 양, 경주마에 대한 내용도 많다. 상을 받은 달리아도 언급된다.) 그러나 비둘기로는 다윈이 원하는 만큼 나아갈 수 없다. 사육가들은 아주 작은 변이만을 만들어낼 수 있을 뿐이므로, 서로 눈에 띄게 다른 비둘기 품종들은, 인간의 실험으로 모습이 바뀌긴 하지만 저마다 특수한 종에서 유래한 것이 틀림없다고 대꾸하는 것이 완벽하게 가능하기 때문이다. 새의 한 갈래에서 모두 유래했다고 보기에는 품종들이 서로 너무나 다르다. 그렇지 않은가?

여기서 다윈의 판단이 빛을 발한다. 다윈은 자기 주장을 입증하려 하지 않고 그저 자기 주장에 반대하는 사람이라면 할 말이 훨씬 많으리라는 것을 보여준다. 공작비둘기의 원형이 있다면, 지금 야생 어디에서 찾을 수 있는가? 그야 멸종했거나 오지 중의 오지에 있을 수도 있다. 그렇다면 비둘기 애호가들이 좋아하는 다른 독특한 품종은 어떤가? 이 품종의 야생 친척들은 어디에 있는가? 그리고 이 품종 중에서 오늘날 어떤 야생 비둘기 종류가 띠는 복잡한 색깔을 쏙 빼닮은 개체들이 간혹 나타난다는 사실은 어떤가? 오늘날의 독특한 품종들 이전부터 (별개의 종일지라도) 색이 동일한 조상들이 있었고, 지금은 그 조상들 모두가 야생에서 멸종했거나 적어도 관찰된

적이 없는 것인가? 거참 놀라운 일이 아닌가…….

다윈이 보여주듯이 비교적 단기간에 인위적 선택을 통해 변이를 만들어내는 것이 충분히 가능한 일이라면, 어마어마하게 긴 시간 동안 비슷한 규모의 결과, 어쩌면 훨씬 더 큰 규모의 결과를 산출하는 자연의 선택 원리가 있지 않을까? 그런 원리가 있을 것이다. '생존경쟁'(이에 관해 다윈은 무척 흥미로운 장을 썼다)이 많은 개체들을 생식 능력을 갖추기 전에 제거하기 때문이다. 공작비둘기는 사육가의 시선을 붙잡아야만 교미할 것이고, 야생 비둘기는 성체가 될 때까지 생존경쟁을 이겨내지 못하면 교미하지 못할 것이다. 두 경우에 선택받는 이유는 전혀 다르다. 두번째 경우에는 지역의 환경적/생태적 조건을 이겨내는 능력 때문에 선택받으며, 이 조건이 혹독해진다면 선택 과정은 잔혹할 정도로 효율적인 과정이 될 것이다.

이렇게 생각하다가 거대한 변화, 분명히 일어날 것 같은 큰 변화가 가능하다는 것을 알아채면, 그리고 그 과정이 상상할 수도 없는 시간 동안 지속되어왔을지 모른다는 것(다윈의 청년 시절에 지질학자들이 이제 겨우 밝혀내고 있던 사실)을 상기하면, 특정한 관찰, 이를테면 다윈의 글 중에서 인간이 등장하는 몇 군데 안 되는 문장에서 보이는 다음과 같은 관찰이 예전과 다르게 다가올 것이다. "인간의 손, 박쥐의 날개, 돌고래의 지느러미, 말의 다리의 뼈대가 같다는 것, 기린의 목과 코끼리의 목이 같은 수의 목뼈로 이루어져 있다는 것은…… 동시에 느리고 미미한 연속적 변이를 통한 유래 이론을 설명한다."

헤겔의 철학이 박차를 가한 19세기 진보에 대한 열광은 많은 이들이 다윈을 진보주의적 움직임으로 여길 상황을 조성했다. 다윈보다 젊은 동시대인이자 훨씬 더 형이상학적인 인물로서 헤겔주의적 면모마저 있었던 허버트 스펜서(Herbert Spencer, 1820~1903)는 실제로 그 움직임의 일부였다. 스펜서는 지나치게 자주 사용되는 '적자생존'이라는 표현을 만들었는데, 이 표현은 생존경쟁에서 살아남는 이들이 그러지 못한 이들보다 우월하다는 의미를 함축한다고 이해되기 십상이다. 스펜서 자신은 적자생존을 그런 의미로 받아들였던 것으로 보인다. 사회복지 제도처럼 경쟁의 강도를 완화하려는 모든 시도에 반대했기 때문이다.

이런 식의 생각은 머지않아 사회다윈주의라고 알려진 운동으로 변했다. 사회다윈주의는 다윈주의를 중상한다고 말할 수 있을 정도로 부적절한 이름이다. 다윈은 결코 사회다윈주의 같은 결론을 도출하지 않았고 그럴 의향도 없었다. 그런 결론이 도출되지 않기 때문이다. 다윈의 체계에서 '적자'라는 표현은 특수한 조건에서 생존(과 생식)에 가장 적합한 이들을 뜻할 뿐이다. 적자는 도덕적·지적·미적 우월성과는 아무런 관련도 없다. 그리고 적자는 '특수한 조건'을 고려하지 않으면

13. 빅토리아 시대 풍자화가들이 즐겨 그린 테마. 다윈의 메시지는 금방 소화되지 못했다.

아무런 의미도 없는 표현이다. 그 조건이 변하면 어제의 '적자'가 내일은 가망 없는 사람이 될 것이다. 스펜서처럼 자연선택을 사회에 적용할 때 발생하는 많은 문제들 중 하나는, 인간 사회에서 일어나는 변화로 말미암아 적자가 등장한 조건이 너무나 쉽게 변할 수 있다는 것이다. 내연기관이 말이나 수레보다 '적합'한가? 어떤 의미로는 더 적합하지만, 내연기관 때문에 지구의 석유가 고갈되지 않는 한에서만 그렇다.

그렇다고 해서 다윈이 무언가에 대한 그 누구의 태도도 바꾸지 못하는 것은 아니다. 그와는 거리가 멀다. 사례를 하나 살펴보자. 문예평론가이자 대중영합적 기독교 신학자인 C. S. 루이스(C. S. Lewis)는 언젠가 우리의 성적 충동에 대해 한탄했다(한탄이 한 번으로 그쳤는지는 확실치 않다). 기회가 주어진다면 우리 대다수는 과식할 테지만 어마어마하게 많이 먹지는 못할 거라고 루이스는 썼다. 반면에 젊은 남자가 성욕을 느낄 때마다 욕구를 채우고 성교가 매번 임신으로 이어진다면, 그는 아주 짧은 기간 내에 마을 하나를 자기 자식들로 가득 채울 것이다. 루이스는 이것이 우리의 자연적 성욕이 얼마나 도착(倒錯)되었는지 보여준다고 결론내렸다.

그러나 죄인임을 자책하고 인간 남성의 잃어버린 순결을 애통해하기 전에 다윈의 교훈을 떠올려보라. 여기서 우리가 보는 것은 자연의 도착이 아니다. 우리가 보는 것은 그저 자연

자체, 우리나 다른 누군가의 도덕률에 맞추어 세계를 건설하는 일과 무관한 자연이다. 평균적으로 보아 성적 충동의 강도와 빈도만큼 한 남자의 자식 수에 큰 영향을 끼치는 요인은 거의 없을 것이다. 그리하여 그의 자식들 다수가 이런 강도와 빈도를 그로부터 물려받는다면, 자연선택은 분명 이 특질을 선택하고 강화할 것이다. 오늘날 남자들 대다수가 이 특질을 갖고 있다 해도 그것은 우리가 예상해야 하는 특질일 뿐이다. 이 특질을 가졌다고 해서 인류가 에덴동산에서 쫓겨나고 도덕적으로 타락한 이야기를 시작할 필요는 분명히 없다. 어쩌면 진화가 산출했고 산출할 수밖에 없었던 것이 자기네의 이상적인 인간상과 어긋난다는 사실을 일부 사람들이 원죄라고 부르고 있는 것인지도 모른다.

노파심에 말하자면, 배다른 형제와 자매 수백 명이 거주하는 마을 따위는 걱정하지 마라. 그런 마을은 자진해서 임신하려는 가임 여성들을 우리의 젊은 카사노바가 실제로 일평생 꾸준히 공급받고 또 그를 내쫓을 만큼 공격적인 다른 남성들이 전혀 없는 곳에서만 등장할 것이다. 부드럽게 말하자면, 자연이 이런 사태가 빈발하지 못하도록 막는다고 믿어도 된다. C. S. 루이스가 떠올린 상황은 현실과 동떨어진 몽상에 지나지 않는다.

이것은 특수하고 비교적 사소한 사례이지만, 여러분은 우리가 얼마 전에 살펴본 이들의 철학을 비롯한 철학 전체를 다윈주의가 어떻게 전복할 수 있을지 쉽게 알아챌 것이다. 데카르트에게 인간의 이성은 신이 우리에게 주고 또 보증하는 능력이었고, 바로 그런 이유로 데카르트는 이성에 의존해 정신과 물질의 본질적 속성, 그 밖의 많은 것들에 관해 말할 수 있었다. 이와 달리 데카르트가 이성이란 타고난 도구라고, 다시 말해 경쟁에서 이성을 결여한 이들에 비해 이성을 가진 이들이 우위를 점했기 때문에, 그리고 우위를 점했던 한에서 발전해온 도구라고 생각했다면 어떨까? 데카르트는 이렇게 생각하면서도 다른 한편으로는 이성이 우리에게 말해주는 듯한 것들을 완전히 신뢰하며 참으로 받아들일 수 있다고 추정했을까? 만약 그랬다면 데카르트는 그 추정을 어떻게 정당화했을까? 신은 기만자일 수 없다고 생각하는 것과, 이성 기능은 현실적인 문제에서 우리에게 이점을 주기 때문에 "정신은 독립적인 실체인가?" 같은 물음에 적용했을 때 우리를 터무니없이 그릇된 방향으로 인도할 리 없다고 말하는 것은 전혀 다른 이야기다. 이성이 생존에 큰 도움이 된다고 해서 형이상학에도 큰 도움이 되리라고 내가 믿어야 하는가? 도대체 왜 그렇게 믿어야 하는가? 데카르트가 다윈 이후에 살았다면(억지 가정을 용서하시라), 그의 철학의 토대는 크게 달라져야 했을 것이다. 토대가 그렇게 많이 달라졌다면, 상부구조도 그만큼 달라지지 않았을까?

니체: 『도덕의 계보학』

"철학자는 모든 것을 위험에 빠뜨리는 끔찍한 폭약이다." 이제껏 우리가 독일 철학자 프리드리히 니체(Friedrich Nietzsche, 1844~1900)에 관해 들은 것이라곤 이 발언뿐이다. 니체는 독자들에게 편안한 경험을 제공할 마음이 전혀 없었고, 니체의 동시대인들은 그저 그를 읽지 않음으로써 스스로를 지켰다. 그러나 니체가 죽자마자 형세가 뒤집혔고, 특히 유럽 대륙에서 니체는 20세기 사상에 중요한 영향을 끼쳤다.

1887년 초판이 출간된 『도덕의 계보학Zur Genealogie der Moral』은 서문과 논문 세 편으로 이루어져 있으며, 서문과 논문들은 모두 편의상 번호를 붙인 절들로 나뉜다. 서문을 건너뛰지 마라. 그리고 첫 문장을 놓치지 마라. "오늘날 우리는 얼마나 많이 알면서도 우리 자신에 관해서는 얼마나 적게 아는가." 당시 유럽 사상은 거대한 변화를 겪고 있었다. 현실이 아무리 당혹스럽고 불투명하더라도 우리의 정신 안에서 일어나고 있는 일만은 말할 수 있다고 가정하는 것이 오랫동안 이어져온 추세였다. 그러나 19세기 들어 이 추세는 급속도로 추진력을 잃고 있었다. 우리는 헤겔의 역사관, 즉 우리가 전혀 또는 거의 인식하지 못하는 사이에 정신의 힘이 우리 안에서 작용한다는 역사관에서 이 추세가 꺾일 조짐을 보았다(153쪽 참조). 니체가 태어나고 채 한 세대도 지나기 전에 태어난 정신분석의 창시자 지크문트 프로이트(Sigmund Freud, 1856~1939)는 정신생활의 가장 중요한 원인들이 우리에게 감추어져 있다는 무의식 이론을 내놓았다. 이제 자기인식의 획득은 내면을 슬쩍 들여다보는 문제가 아니었다. 그것은 어렵고 고통스러운 노력을 요구하며, 여러분의 내면에서 발견하는 것을 여러분이 좋아하리라는 보장은 더이상 없다.

서문의 §3도 놓치지 마라. 이와 비슷한 내용이 기억나지 않는가? 나는 데카르트의 『방법서설』 제1부가 떠오른다. 아직 십대였던 미래의 철학자 데카르트는 선배들이 먹여주는 정신의 양식에 대한 회의와 불신에 깊이 빠져들었다(140쪽 참조). 데카르트에게 그 양식은 대학들의 신아리스토텔레스주의였다. 니체에게 그 양식은 19세기 기독교의 도덕적 가치들이었다. 데카르트와 니체는 자기 주변 사람들 모두가 자명하다고 생각하는 것들이 과연 그들의 생각만큼 자명한가라는 의문을 품었다. 데카르트는 자신이 배우고 있던 '진리들'이 진리인지 따져보려 했다. 니체는 기독교의 '가치들'의 가치에 관한 몇 가지 의문을 제기할 때가 되었다고 생각했다. 니체의 방법은 그 가치들의 역사, 그것들의 족보, 그의 표현대로라면 '계보'

에 대해 묻는 것이었다. 그것들은 어디에서 유래했고 사람들은 어떻게 그것들을 고수하게 되었는가? 왜 고수하게 되었는가? 달리 말해 그 가치들이 그들에게 어떤 도움을 주기에 그들이 그 가치들을 자기 것으로 여기게 되었는가?

이 지점에서 흔한 반응은, 무언가의 가치는 그것이 **지금** 어떠하냐에 달려 있다고 말하는 것이다. 그것이 어떻게 지금처럼 되었느냐는 것은 다른 문제다. 그러므로 니체는 질문을 잘못 하고 있는 셈이다. 니체가 아무리 대답을 잘하더라도, 그 대답은 우리의 가치들의 가치에 관해 아무것도 말해주지 않는다. 말해줄 거라고 생각하는 사람은 (점점 늘어나는 여러분의 용어 목록에 철학자들의 전문용어를 더하자면!) '계보학적 오류'를 저지르는 것이다.

그러나 이 비판이 전적으로 타당할까? 나는 그렇게 생각하지 않는다. 무언가의 가치에 대한 우리의 견해가 그것이 어떻게 시작되었는가에 대한 우리의 믿음과 긴밀히 얽혀 있고, 이 믿음이 변하면 그 무언가에 대한 우리의 평가 역시 흔들리는 사례들이 분명히 있다. 실제로 방금 우리는 아주 중요하고 니체에게도 중요했던 사례, 즉 우리 자신에 대한 우리의 생각에 다윈주의가 미친 영향을 살펴보았다. 다윈의 수많은 동시대인들에게 인류의 기원은 자신의 형상대로 우리를 창조하기로 한 신의 결정이었다. 다윈의 생각, 즉 현실화되지 않았을 가능성이 현실화될 가능성만큼이나 컸던 분명히 우연적인 과정을 따라 원숭이 같은 열등한 생물들에서 우리 인류가 진화했다는 생각은 새로 발견된 행성의 존재처럼 그저 받아들이면 그만인 새로운 사실이 아니었다. 이 생각은 인간의 위엄, 인간의 가치에 대한 우리의 견해를 모욕하는 생각이었다. 이런 이유로 다윈의 생각은 당대에 완강한 저항에 부딪혔고 지금도 일부 사람들의 저항에 부딪히고 있다. 다윈의 사례가 보여주듯이, 적절한 환경에서라면 계보는 확실히 니체가 의도했던 만큼 폭발적일 수 있다. 이제 도덕적 가치에 관한 물음으로 돌아가자.

많은 이들은 도덕적 가치들의 기원이 비슷하다고 믿었고 일부 사람들은 지금도 그렇게 믿고 있다. 다시 말해 그들은 도덕적 가치들을 신이 인류에게 직접 전해주었다고 믿었다. 목사 집안에서 자랐으나 언젠가 자신은 태생적으로 무신론자라고 말했던 니체는 그런 기원 이야기에 전혀 관심을 두지 않았다. 니체는 인간적인 가치들의 기원을 인간의 필요와 심리에서 찾았다. (니체의 초기 저작들 중 하나의 의미심장한 제목이 『인간적인 너무나 인간적인』이다.)

『도덕의 계보학』 서문 §4에서 분명해지듯이, 가치의 기원을 처음 탐색한 사람은 니체가 아니었다. 사실 가치의 기원을 찾는 전통이 이미 있었고, 니체는 그 전통의 중심 논지가 대략 다음과 같다고 보았다. 사람들은 어떤 행동 유형이 그들 자신과 그들 사회의 원활한 운영에 이로울 때면 그 유형을 '선'이라 부르며 강력히 권했다. 그리고 어떤 행동 유형이 해로울 때면 정반대로 했다. 바로 이렇게 해서 우리 자신이 아니라 다른 이들에게 이로운 행동이 선으로 여겨지게 되었다—다른 이들은 자기네가 이득을 얻는다는 이유로 그 행동이 선이라고 선언했다.

사회는 사회에 이로운 것을 강화한다는 설명은 얼핏 생각하면 무척 그럴듯하다. 그러나 니체는 이런 설명을 감상적이고 비역사적인 허튼소리로 간주했다. 니체는 고대 언어들에 대한 전문지식을 토대로(니체는 학계에 혜성처럼 등장했지만 나중에 학계를 떠났다) 아주 다른 이야기를 말했다. 고대에 타인들의 행동에서 이득을 얻었던 사람들이 그 타인들(그리고 그들의 행동)을 '선'이라 불렀다는 설명은 실상과 거리가 멀다. 상층계급, 귀족, 고결한 이들, 고대 사회의 지배층이 처음으로 자신들(그리고 자신들의 생활방식)을 선이라 부르고 평범한 사람들, 노예들, 종속민들을 악이라 불렀다. 초기의 선/악 구별은 '고결한' 이들과 '저속한' 이들, 자유로운 이들과 노예 처지인 이들, 지도하는 이들과 지도받는 이들, 몸을 씻는 이들과 씻지 않는 이들 사이의 구별로 이해하는 편이 더 나을 것이다. 지배층은 이런 구별을 통해 자신들 자체, 자신들의 힘과 생활방식을 찬양했고, 자신들이 생각하기에 약하고 빈곤하고 비굴한 대중과 자신들 사이에 존재하는 격차를 표현했다.

이 설명도 꽤나 그럴듯하게 들린다. 여러분은 고대의 지배층이 이런 식으로 생각하고 말했을 모습을 상상할 수 있다. (적절한 집단의 일원이 된다면, 여러분은 오늘날에도 이런 설명을 들을 수 있다.) 그러나 니체에 따르면 유럽의 도덕에서 2,000년 넘게 결정적이었던 단계는 그다음 단계, 즉 지렁이가 꿈틀하고 대중이 반란을 일으킨 단계였다. 니체는 일반적으로 하층계급이 물질적으로나 정신적으로나 너무 약했던 폭력 혁명이나 무장 투쟁이 아니라 훨씬 더 포착하기 어렵고 훨씬 더 음흉한 무언가를 말하고 있다. 하층계급은 자기네에게 열려 있던 몇 안 되는 방법 중 하나로 좌절과 분노를 완화했다. 다시 말해 그들은, 억압자들은 모든 면에서 '악'이고 이 억압자들과 상반되게 살아가는 그들 자신은 수많은 방식으로 '선'인 가치체계를 발달시키는 방법으로 좌절과 분노를 달랬다.

그러므로 이 가치체계는 신이 준 것도 아니고, 직관적 인식의 결과물도 아니며, 본질적인 '올바름'도 아니었다. 이 체계는 강자들에 대한 약자들의 분노에서 유래한, 복수심에 불타는 보복 수단이었다. 자선과 연민, 사랑에 헌신하도록 부채질해온 것은 실은 **증오**였다. 이런 유의 사유가 인기 있는 견해를 뒤집기 좋아했던 니체의 그야말로 전형적인 사유다. 여러분이 내 집은 반듯하다고 생각하는 바로 그 순간 니체적 의미의 '폭발'이 일어나 갑자기 지붕과 지하실의 위치가 뒤바뀐다. 이것은 가장 도발적인 철학이다. 타고난 우상파괴자들은 니체의 철학에 매료될 테지만, 불꽃놀이에는 누구든 감탄할 수 있는 법이다.

사랑과 연민의 도덕적 기원에 관한 이런 사실들(니체는 사실이라 믿었다) 때문에 니체가 이 도덕을 그토록 불신했던 것은 아닐 것이다. 어쨌든 대중은 이 도덕을 받아들이고 장려하면서 자기네에게 열려 있던 유일한 방법으로 강자들을 지배할 권력을 얻으려 애쓰고 있었으며, 니체는 이런 시도에 반대할 이유가 전혀 없었다. 니체의 견해에 따르면 모든 삶은 힘에의 의지의 표명이며, 보잘것없는 인간적인 도덕가는 삶 일반에 대해 단언할 권리가 없다. 니체가 '무리 도덕'과 관련해 가장 질색한 점은 이 도덕이 (상층계급의 규범과 달리) 하층계급 자신의 생활방식에 대한 **긍정**을 통해서가 아니라 다른 누군가의 생활방식에 대한 **부정**을 통해서 생겨났다는 것이다. 하층계급은 자신들을 지배하는 활기차고 자유롭고 자신만만하고 자부심과 자기 주장이 강한 사람들을 보고 분개하여 그들의 자질은 악이며 따라서 수동성, 굴종, 겸손, 이타심 같은 정반대 자질이 선이라고 선언했다. 니체의 평가에 따르면 무리 도덕은 삶을 부정하고 있다.

이 도덕을 옹호했던 이들은 이제 아주 부자연스러운 처지가 되었다. 생명체로서 그들은 지배계급과 마찬가지로 본능적인 힘에의 의지를 체현하고 있었지만, 지배계급과 달리 그 의지를 자연스럽게 발산할 방도가 없었다. 이런 이유로 그들은 본능에 이끌려 다른 종류의 권력을 찾으면서 자기네 주인들의 주인다운 본능이 악덕이라고 단언했지만, 그와 동시에 그들 자신의 본능에도 등을 돌리고 말았다. 그러므로 그들은 궁핍하고 억압당할 뿐 아니라 심리적으로 병이 들어 내면이 분열된 사람들이기도 했다. 그들은 몹시 비참한 기분이었다.

그러나 모든 문화와 시대에는 니체가 특히 관심을 기울인 (일종의) 도움이 인물 형태로 가까운 거리에 있다. 다시 말해 가난과 겸손, 순결을 철저히 지키고 경우에 따라 극단적인 고행까지 실천하는 금욕적인 성직자가 있다. 삶의 육체적 조건에서 벗어나 내세와 '피안의 세계'로 넘어가려는 바람을 가장 명시적으로 드러내는 이 인물은 다른 누구보다도 삶을 단호하게 거부한다. 그러므로 성직자는 무리와 마찬가지로 병들어 있을지언정 무리보다 훨씬 강하다. 성직자의 힘은 생활방식을 스스로 선택하고 지속하는 그의 능력을 통해 드러난다.

이 힘은 성직자에게 연약한 영혼들 무리를 이끌고 지시할 권력을 준다. 이 권력은 한편으로는 성직자의 내면의 힘에 대한 무리의 인식에서, 다른 한편으로는 금욕적인 성직자가 풍

14. 다음엔 무엇을 폭파할까? 굉장한 콧수염 너머로 세계를 노려보는 니체는 언제나 모종의 도화선에 불을 붙이기 직전처럼 보인다.

기는 신비한 분위기와 은연중에 드러내는 비전(祕傳) 지식에서 생겨난다. 그러나 이 권력은 성직자가 무리에게 도움을 준다는 사실, 즉 그들의 고통을 줄여준다는 사실에서도 생겨난다. 무리가 그들 자신의 필수적인 본능에 등을 돌린 탓에 고통받는다는 것을 상기하라. 따라서 성직자가 그들의 고통을 **치유**하리라고는 기대하기 어려운데, 성직자 역시 자신의 필수적인 본능에 등을 돌린 사람이기 때문이다. 다만 성직자는 한층 굳은 결의로 한 가지 목표를 위해 더 공공연하게 등을 돌렸을 뿐이다.

인간적인 고통에 대한 한 가지 중요한 사실은 사람들이 고통의 **이유를 이해하는** 경우에만 상당한 고통을 견뎌내리라는 것이다. 흡족한 이유를 발견하면 고통을 영광으로 받아들이기까지 한다. 다른 중요한 사실은 고통받는 이들이 고통의 원인으로 **비난할 누군가**를 찾아내려 한다는 것이다. 이것은 분노를 덮어씌워 고통을 차단하는 일종의 마취 행위다.

이런 사실을 본능적으로 아는 성직자는 무리에게 고통의 이유와 고통을 가하는 장본인을 말해준다. 무리는 그들의 영혼을 천국에 어울리는 영혼으로 만들기 위해, 또는 정의의 승리를 위해, 또는 진리를 위해, 또는 신의 왕국이 지상에서 실현되는 것을 돕기 위해 고통받고 있다. 고통을 감내할 만한 훌륭한 이유들이다. 누가 고통을 가하고 있는가? 바로 **그들 자신**

이다. 성직자의 이 일격과 더불어 대중의 펄펄 끓는 분노는 맞서 싸워봐야 그들의 고통만 가중될 공산이 크고 그들 중 일부가 말살당할지도 모르는 애초의 분노 대상, 즉 지배자들로부터 방향을 돌리게 된다. 성직자의 지도를 받으며 스스로를 향해 분노의 방향을 돌림으로써 그들은 적어도 자기 규율과 자기 개선을 위한 힘과 동기를 얻을 것이다. 그리고 그들은 이런 방향 전환을 받아들일 준비가 되어 있다. 우리가 보았듯이 그들은 이미 자신의 본능에 등을 돌렸고 따라서 그들 자신에게도 등을 돌린 셈이기 때문이다. 그들은 뿌리 뽑히는 것이 무엇인지 알고 있다. 바로 그들 안에 조금이나마 남아 있는 강자들 특유의 태도와 행동이다. 이로써 그들은 무해한 존재가 된다.

이제껏 살펴본 것이 니체의 분석이다. 우리가 어떻게 생각하든 간에 니체의 철학은 분명 불굴의 철학이다. 나의 서술은 니체의 주요한 사유 몇 가지를 투박하게 압축한 것에 지나지 않는다. 니체의 문체와 음악성, 활력, 다양성, 통렬한 기지는 스스로 경험할 수밖에 없다. 그리고 니체의 글은 제3논문 §7의 진짜 철학자에 대한 서술처럼 유쾌한 세부적 내용으로 가득하다. 혹은 제1논문 §7부터 §9까지 읽어보라. 여기서 반유대주의적 어조를 발견할 수 있는가? 그렇다면 다시 읽어라. 그러면 이 구절이 실은 반유대주의 자체를 겨냥하고 있음을 알아챌 것이다. 이 구절이 말하는 것은 유대인의 도덕적 역사만이 기독교가 등장할 수 있는 심리적 분위기를 조성했다는 것이다. 여기서 니체는 예수가 십자가에 못 박힌 책임이 유대인에게 있다는 전제를 반유대주의의 근거로 삼은 기독교도 반유대주의자들을 비꼬면서 그들에게 일제 사격을 가하고 있다. 다시 한번 니체는 인기 있는 사고방식을 뒤집었다. 기독교도는 유대인을 **공경**해야 한다. 기독교의 성공이 유대인 덕분이기 때문이다. 이 얼마나 유쾌한 생각인가!

제 8 장

누구에게 어떻게 이로운가?

철학에 관해 생각하는 것은 힘든 일이다. 여러분도 이 점을 알아챘을 것이다. 여기까지 읽은 독자라면 적어도 이 일에 의욕을 잃은 것은 아니지만 말이다. 철학에 관해 쓰는 것은 더 힘든 일이다. (내 말을 믿어도 된다.) 그렇다면 사람들은 왜 이 두 가지 일을 해왔을까? 글쎄, 온갖 이유들 중에서 한두 가지 이유로 했을 것이다. 자연을 통제하는 법이나 스스로를 통제하는 법을 배우고 싶어서, 또는 천국에 가거나 지옥을 피하기 위해 했을 것이다. 있는 그대로의 삶을 견딜 수 있게 해주거나 모진 삶을 견딜 만한 삶으로 바꾸기 위해 했을 것이다. 정치적·도덕적·지적 제도를 뒷받침하거나 허물어뜨리기 위해 했을 것이다. 저자 자신의 이해관계를 증진하거나 다른 이들의 이해관계를 증진하기 위해(이런 경우도 있다), 더 나아가 모든 사람의 이해관계를 증진하기 위해 했을 것이다. 다른 철학자들을 참을 수가 없어서, 또는 직업상 필요해서 했을 것이다. 어쩌면 때로는 그저 순수한 호기심에 했을 것이다. 철학자들은 현실과 동떨어진 비세속적인 사람들이라는 생각이 널리 퍼져 있다. 이 생각이 철학자들의 생활방식을 가리키는 것이라면, 이 생각은 언제나는 아닐지라도 대개 참일 것이다. 그렇지만 철학자들의 작업을 가리키는 것이라면, (지금 내가 말하는 철학은 **오래 살아남는** 철학이다) 이 생각은 대체로 거짓일 것이다. 적어도 철학자들이 거의 언제나 어떤 실질적인 관심사를 제기하고 어떤 실질적인 개선책을 제공한다는 의미에서는 거짓이다.

이 책 첫머리(9쪽)에서 나는 세 가지 중요한 물음, 즉 "우리는 무엇을 해야 하는가?", "무엇이 존재하는가?"(즉 실체는 어떠한가?), "우리는 어떻게 아는가?"를 소개했다. 어떤 철학이든 사람들에게 어떤 실질적인 개선책을 제공한다는 말은 분명 주로 첫번째 물음과 관련된 말처럼 들릴 것이다. 그러나 반드시 그런 것은 아니다. 일례로 우리가 신의 형상대로 창조된다는 믿음처럼 실상이 어떠하다는 믿음은 삶에 의미를 주거나 자존감을 강화할 수 있다. 이런 믿음은, 인간은 이성적인 정신을 갖고 있지만 동물은 그렇지 않다는 믿음처럼 특정한 행동 유형의 근거(또는 핑계)가 될 수 있다. "우리는 어떻게 아는가?"라는 물음에 대한 답변은 첫번째와 두번째 물음에 대한 다양한 답변들이 우리를 장악하는 힘을 강화할 수도 있고 완화할 수도 있다. 그리고 아주 중요한 점은 이 답변이 누가 지식을 갖는가에 관한 믿음을 함축한다는 것이다. 이 믿음은 지식을 소유하는 집단의 위신과 권력에 명백히 영향을 끼친다.

요컨대 대다수 철학은 누군가를 위해 무언가를 하려고 시도한다. 마지막으로 이런 관점에서 철학의 몇 가지 측면을 살펴보자. 철학은 오래 살아남으려면 지지층, 즉 이해당사자 집단이 있어야 한다. 지지자가 많으면 오래 살아남을 확률이 높다. 우선 개인에 몰두한 두 철학자를 살펴보자. 이들에게는 지지자가 아주 많다. 우리 모두 개인이니까.

개인

에피쿠로스의 철학(제5장 참조)은 개인을 겨냥한다. 이 철학은 행복하게 살기 위한 방법을 제시하고 논변으로 뒷받침한다. 개인들이 이 방법을 삶에 적용하는 것을 방해하는 사회적·정치적 제도는 부당한 제도다. 그 외에 에피쿠로스의 유일한 정치적 권고는 정치에 관여하지 말라는 것이다. 여러분은 다른 이들이 적절하게 살도록 어느 정도 도움을 줄 수 있지만, 여러분과 가까운 이들만 도울 수 있다(에피쿠로스주의는 우정을 강력하게 옹호한다). 모든 사람은 에피쿠로스 철학의 방법을 스스로 추구해야 한다. 성공은 물질적 조건, 즉 타인이 누군가를 위해 준비해줄 수 있는 것에 달려 있지 않고 물질적 조건에 대한 여러분 자신의 태도에 달려 있기 때문이다. 바로 이것이 핵심이다. 삶이 장래에 대해 여러분에게 뭐라고 귀띔하건 여러분의 마음 상태는 대체로 그런 귀띔과 무관하다는 인식의 결과가 행복이기 때문이다.

이런 서술 이후에 유일한 선은 쾌락이라는 에피쿠로스의 의견을 듣는다면 여러분은 놀랄 것이다. 분명 우리가 얻을 수 있는 쾌락은 대부분 우리의 물질적 조건에 크게 의존하지 않는가? 그러나 놀랄 것이 하나 더 남았다. 에피쿠로스는 육체적 고통과 정신적 근심에서 벗어나는 것이 우리가 얻을 수 있는 최고의 쾌락이라고 생각한다. 소박하고 쉽게 얻을 수 있는 쾌락이 사치스럽고 이국적인 쾌락보다 즐거움을 덜 주지 않는다. 그리고 후자의 쾌락에 의존하면 그 쾌락을 얻는 수단을 상실할지 모른다는 근심이 생긴다. (에피쿠로스주의란 연주자들, 무희들과 함께하는 끝없는 만찬이라는 생각은 터무니없는 오해다. 이런 생각은 숫자가 많았던 에피쿠로스의 적들이 우리에게 물려준 것이 틀림없다.)

15. 에피쿠로스주의를 실천하는 중일까? 에피쿠로스에 따르면 그렇지 않다.

정신적 혼란의 원인은 대체로 미신적인 두려움이다. 그 두려움을 떨쳐버려라. 지복을 누리는 신들은 인간사에 개입할 필요도 의향도 없다는 것을 깨달아라. 모든 현상에는 자연스러운 설명이 있다고 자신할 만큼 물리학과 천문학, 기상학을 충분히 배워라. 그 현상들은 신의 노여움의 조짐이나 징조, 표지가 아니다. 그리고 죽음을 두려워하지 마라. 죽음은 그저 비존재이고 비존재에는 아무것도 두려워할 게 없기 때문이다. 지금까지 우리 각자에 대한 에피쿠로스의 조언을 짧게 요약했다. 이 조언을 따르는 것도 나쁘지 않다. 물론 우리 모두가 이 조언을 따른다면 정치인은 한 명도 남아나지 않을 것이다. 그러나 어쩌면 정치인 없는 세상을 참을 수 있을지도 모른다.

에피쿠로스는 개인들에게 당면할지 모르는 모든 사태에 대비해 마음을 무장하라고 가르쳤다. 2,000년 넘게 세월이 흐른 뒤 존 스튜어트 밀은 모든 개인이 각자의 삶을 결정할 권리를 감동적으로 변호하는 글을 썼다. 유명한 에세이 『자유론On Liberty』(1859)에서 밀은 훗날 '위해 원칙'이라 알려지게 된 것을 옹호했다. "권력은 다른 이들에게 해를 끼치는 것을 막는 목적으로만…… 문명사회 구성원의 자유를 정당하게 침해할 수 있다." 민주정체가 유럽에서 더 단단히 자리잡고 미국에서 더 깊이 이해되는 가운데 밀은 잠재적 위험요소를 발견했다. 바로 개인과 소수집단에 대한 다수의 횡포였다.

『공리주의』(제5장 참조)의 저자답게 밀은 인권이 아니라 자신의 원칙을 지키지 않을 경우 입게 될 손해와 상실하게 될 가치에 호소한다. 자기 삶의 주인이 되는 것은 인류에게 좋은 것이자 우리 행복의 일부다. 따라서 개인들은, 설령 법이 금지하는 것이 어차피 그들이 하지 않았을 행동이라 해도, 다수의 횡포로 말미암아 무언가를 상실하게 된다. 그러나 사회 전체 역시 잃는 것이 있다. 위해 원칙이 보호하는 사람들은 사회에 극히 귀중한 자원인데, 그 이유는 바로 그들이 관습에 얽매이지 않는 의견과 별난 생활방식을 고집하기 때문이다. 그들의 의견이 실제로 참이라면 그들이 사회에 귀중하다는 것은 분명하다. 그들의 의견이 거짓이라면 그들이 사회에 귀중하다는 확신은 약해지겠지만, 그래도 귀중하다는 점은 변하지 않는다. 반대 의견이 전혀 없으면 진리는 입에만 오르내리는 죽은 공식이 된다. 마음속에서 줄곧 살아 있는 진리로 남으려면 반대 의견이 있어야 한다. 비관습적인 생활방식에 관해 말하자면, 그들은 모든 사람이 보고 배울 수 있는 살아 있는 실험자료다. 개인을 억압하면 모두가 손해를 본다.

국가

앞에서(제2장, 그리고 제5장 93쪽 이하에서) 우리는 이른바 정치적 의무의 계약 이론을 살펴보았다. 플라톤의 『크리톤』에서 이 이론을 실천적 관점에서 보았고, 또 "누가 무엇을 하기 위해 어떤 조건에서 누구와 계약을 맺는가?"라는 물음에 내놓을 수 있는 다양한 답변에 따라 이 이론이 원리적으로 여러 형태를 취할 수 있음을 확인했다.

모든 계약 이론 가운데 토머스 홉스의 이론이 가장 유명할 것이다. 그 이유는 '자연상태'에 대한 놀라울 만큼 노골적인 묘사 때문이다. 홉스에 따르면 그 어떤 사회적 합의도 이루어지기 이전의 자연상태에서는 누구든 아무것도 가질 수 없고, 아무것도 경작할 수 없고, 건설적인 일을 전혀 할 수 없으며, 공격과 강탈을 당할 두려움을 시종일관 느낄 뿐 아니라 살해당할 가능성까지 농후하다. 이런 "만인 대 만인의 전쟁"이 지속되는 한 삶은 "고독하고, 가난하고, 험악하고, 잔인하고, 짧다". 그렇다면 상황을 어떻게 개선할 것인가? 결사를 조직해야 한다. 그리고 '주권자'(사람 또는 합의체)의 권위에 동의해야 한다. 다시 말해 주권자는 여러분 개개인을 다른 이들과 여타 외부의 위협으로부터 보호하는 데 필요하다고 판단하는 일이라면, 그게 무엇이든 전권을 가지고 행할 수 있다는 데 동의해야 한다. 이 주권자는 부당한 일을 할 리가 없는데, 개인들이 수락한 대표로서 주권자가 하는 모든 일은 이 주권자를 수립한 계약에 참여했던 당사자들 모두의 암묵적 동의 아래 이루어지기 때문이다. 주권자가 국민들의 생명을 직접적으로 위협할 경우에만 국민들은 저항할 수 있다. 무엇보다 국민들은 자신의 생명을 보호하기 위해 계약을 맺었기 때문이다. 앞에서 보았듯이(『크리톤』 50e-51c) '아테나이의 법률과 국가'는 생명의 위협에 저항하는 것조차 소크라테스에게 허용하지 않으려 하면서도 이런 극단적인 주장을 뒷받침할 근거는 거의 내놓지 않았다.

홉스의 국민들은 그저 생명을 보호하기 위해 계약을 맺은 것은 아니라고 대꾸할 수 있지 않았을까? 자연상태에서 전혀 누릴 수 없는 다양한 자유를 누리기 위해 계약을 맺은 것이라고 말이다. 이것은 국민들이 자신의 생명을 위협받는 상황에 이르기 전에 일찌감치 저항권을 행사할 가능성을 암시한다. (게다가 주권자에게 모든 권력을 양도하고 나면 국민들이 어떻게 자기 생명을 지키겠는가?) 플라톤과 마찬가지로 홉스도 자신의 논변으로 정당화할 수 있는 영역을 훌쩍 넘어선 것으로 보인다. 그러나 이는 놀라운 일이 아니다. 플라톤의 청년기는 아테나이가 스파르타에 맞서 참혹한 전쟁을 벌인 시기와 일치했다. 홉스는 수백만의 생명을 앗아간 종교 갈등으로 갈가리 찢긴 16세기가 저물고 스페인 무적함대가 영국을 향해 다가오던 때에 태어났고, 중년에는 영국이 내전으로 빠져드는 과정을 지켜보았다. 그러니 플라톤과 홉스 둘 다 다른 가치들의 전제

16. 모든 것을 작아 보이게 만드는 홉스의 리바이어던이 영국 시골의 언덕 위로 모습을 드러낸다. 이 상황이 정말 안전할까? 로크가 이 상황을 우려했다는 것은 의심할 나위가 없다.

조건인 평화와 질서를 유지할 만큼 강력한 통치체제가 정치 생활에 가장 필요하다고 생각한 것은 놀랄 일이 아니다. 이들이 개인을 지지한 방식은 완전한 주권을 국가에 양도하는 것이었다. 누군가 이들이 도를 넘었다고 생각했다 해도 놀랄 일은 아니다. 홉스보다 50여 년 뒤에 훨씬 덜 위협적인 정치적 환경에서 저술한 존 로크(John Locke, 1632~1704)는 이렇게 비꼬았다.

> 이런 상황은 마치 사람들이 자연상태에서 벗어나 사회에 들어가면서, 한 사람을 제외한 모든 사람은 법률의 구속을 받아야 하지만, 그 한 사람만은 자연상태에서 누리던 모든 자유를 계속 보유할 뿐 아니라, 권력을 이용해 자유를 증대할 수 있고 또 무절제하게 행동해도 처벌을 면할 수 있다고 합의하는 것이나 다름없다. 이렇게 합의하는 것은 사람들이 스컹크나 여우로부터 받을지 모르는 해악을 피하기 위해 조심하면서도 사자에게 잡아먹히는 것에 만족할 정도로, 아니 잡아먹히는 편이 안전하다고 믿을 정도로 어리석다고 생각하는 것이나 마찬가지다.

성직자

보통 성직자들은 재산이나 병력(兵力)을 가지고 있지 않다.

따라서 그들에게 안전을 제공하는 것, 나아가 대개 그들이 속한 사회나 종교집단에서 상당한 권력까지 주는 것은 다른 무언가일 수밖에 없다. 그것은 사람들이 성직자들에 관해 생각하는 것, 자신들을 위해 성직자들이 해줄 수 있다고 사람들이 여기는 것, 사람들이 성직자들에 부여하는 가치에서 생겨난다. 달리 말해 그것은 철학에서 생겨난다. 혜택과 위험이 덜 감각적이고 덜 직접적일수록 성직자들에 대한 믿음과 성직자들과 의논하는 사람들(또는 성직자들을 외면하는 사람들)에 대한 신뢰를 유지하는 데 필요한 장치가 더 강력해진다.

성직은 의도적인 기만의 문제가 아니다. 물론 그런 기만이 일절 없었다는 말은 터무니없는 소리일 것이다. 또한 성직자 계층이 가지고 있을 법한 것에 대한 평신도들의 믿음이 참이냐 거짓이냐는 문제도 아니다. 중요한 것은 성직자들이 믿음을 받아야 한다는 것이다. 그렇지 못하면 성직자는 없다. 이런 이유로 세상에는 성직자들의 지위를 격상시키는 글이 남아돌 만큼 많이 있다.

그런 글은 어디에나 있고 지난 몇몇 장들에서 줄곧 서유럽에 머물렀으므로 다시 인도로 돌아가 주요 우파니샤드 중 하나의 첫머리를 살펴보자. 『밀린다팡하』가 쓰였을 때 『브리하드아란야카 우파니샤드Bṛhadāranyaka Upanishad』(참고문헌 참조)는 오늘날 초서(Chaucer)의 『캔터베리 이야기Canterbury Tales』

만큼 나이를 먹은 문헌이었을 것이다.〔『캔터베리 이야기』는 1387~1400년에 쓰였다.〕 이 경전은 힌두교의 베다 세계, 즉 올바르게 거행하면 큰 혜택을 가져오는 제의(祭儀)와 제물(祭物), 찬가의 세계에 속한다. 제의를 올바로 거행하려면 베다의 내용에 정통한 전문가가 필요하고, 주요 제의를 위해서는 다른 전문가들이 올바로 거행하는지 확인할 최상급 전문가가 필요하다. 그런 전문지식은 합당한 존경을 받아야 하고, 또 의심할 나위 없이 합당한 사례를 받아야 한다. ("나는 제의를 거행할 수 있도록 재물을 갖기 바란다"는 것이 모든 사람의 바람으로 나온다.(1. 4. 17)) 이 전문지식—그리고 이 지식에 결부된 특전—은 특수한 사회계급 또는 카스트, 즉 브라만의 (세습) 특권이다. 『브리하드아란야카』 1. 4. 11에서 말하듯이, 이런 카스트제도는 단순한 사회적 관례가 아니다. 이 제도는 명백히 신들 자신이 창조된 방식으로 생겨난 것이다. 1. 4. 11을 아주 주의 깊게 읽어라. 이 구절이 어떻게 왕후와 무사로 이루어진 통치계급인 크샤트리아에 어느 정도 우월성을 부여하면서도 줄곧 브라만을 어느 정도 상위에 두는지 확인하라. 브라만의 권력은 통치자들의 권력의 '자궁', 즉 그들의 권력이 생겨나는 곳이다. 따라서 전사가 성직자에게 상해를 입히려는 것은 나쁜 생각인데, 자기 권력의 원천을 해치는 것이기 때문이다. 이것은 철학이자 신학이지만 분명 유효하고 현실적인 정치학이

17. 성직자들에게 의견을 묻는 왕.

기도 하다.

이 사상 전통을 처음 접한 독자는 눈에 띄게 생경한 면모를 많이 발견할 것이다. 이 전통에는 제물로 쓰이는 말(베다 제물들 중 가장 최고로 치는 동물)의 부분들과 세계의 여러 양상의 부분들, 즉 연年, 하늘, 땅이 상응 관계라는 교의가 있다.

이 전통에는 어원학에 대한 신뢰가 있다. 이를테면 긴 낱말은 짧은 낱말들 (대략) 두 개로 이루진다는 것이 드러나고, 이 사실은 긴 낱말로 기술하는 모든 대상의 기원이나 내적 본성을 나타내는 사실로 받아들여진다. 『브리하드아란야카』는 이런 이상한 구전(口傳) 지식이 대단히 유익하다고 거듭 역설한다. "이것을 아는 사람은 어디를 가든 꿋꿋할 것이다." 그리고 "누구든 이것을 알고 있으면…… 죽음은 그를 붙잡지 못하고…… 그는 이 신들 중 하나가 된다". 따라서 우리는 이 지식을 높이 평가해야 하고, 이 지식을 수호하는 성직자들 역시 높이 평가해야 한다.

성직자가 이 지식을 반드시 여러분을 **위해** 사용하는 것은 아니다. 성직자는 여러분**에게** 이 지식을 사용할 수도 있다. 브라만의 아내에 손대지 마라. 『브리하드아란야카』 6. 4. 12가 아주 분명하게 밝히듯이, 브라만은 여러분에게 앙갚음하는 바로 그 제의를 알고 있을 것이다. 그리고 "이 지식을 가진 브라만에게 저주를 받은 사람은 분명 정력을 모조리 잃고 선행을 박탈당한 채로 이 세상에서 떠난다. …… 이 지식을 가진 남자를 적으로 삼고 싶지 않다면, 이 지식을 아는 박식한 브라만의 아내에게 결코 추근대지 마라." 여러분은 경고를 받았다.

물론 성직자만 누군가에게 필요한 존재여야 하는 것은 아니다. 의사, 쓰레기 수거인, 게임쇼 진행자, 광고 컨설턴트 역시 그렇다. 그리고 (하마터면 잊을 뻔했는데) 철학 교수도 그렇다. 이들 모두는 사람들의 믿음과 가치, 소망과 두려움 때문에 존재한다.

노동계급

서유럽의 산업화는 소수에게는 부를, 다수에게는 가장 비참한 생활조건을 가져다주었다. 다수는 카를 마르크스(1818~1883)가 자기들의 대변자임을 금세 알아챘다. 마르크스의 저작은 정치라 할 만한 것이 있었던 지구상 모든 곳에서 정치의 외양을 바꿔놓았다 해도 과언이 아니다. 마르크스 이론의 영향력은 21세기 들어 비로소 약해지기 시작했다. 이 이론은 자신이 거둔 성공의 희생물이었는지도 모른다. 어쨌든 실제로 시도 중인 정치 이론을 검사하는 방법은 없다. (막강한 힘을 가진 과학의 방법인 실험의 기저에는 이 원리가 있다.) 어떤 정치 이론도, 많은 사람들이 이미 그 이론을 굳게 믿고 있지 않는 한, 정당한 재판을 받지 못한다.

마르크스와 관련해 우리는 철학의 역사 곳곳에서 나타나는 철학자들 간의 연관성을 발견할 수 있다. 마르크스는 헤겔의 제자가 아니었다. 어떤 점에서는 헤겔에 맹렬히 반대했다. 그러나 당시 헤겔주의의 영향을 받지 않은 철학자는 없었다. 헤겔과 마찬가지로 마르크스도 역사가 필연적인 전진을 드러낸다고 생각했다. 그러나 헤겔과 달리 전진의 추동력을 경제적인 것, 즉 삶의 물질적 조건으로 보았다. 또한 마르크스는 헤겔과 마찬가지로 전진이란 본질적으로 갈등의 해소라고 보았지만, 마르크스가 생각한 갈등은 사회를 이루는 상이한 집단들 간의 경제적 이해관계를 둘러싼 갈등이었다. 여기서 마르크스주의자들의 유명한 '계급투쟁'이 유래했다. 그리고 마르크스는 우리가 앞에서 보았듯이 헤겔에게 대단히 중요했던 학설—'여러분의 본질적인 것 일부를 자신 안에 포함하는' 무엇, 즉 여러분의 외화(外化)된 '타자'와 만나는 것의 의미에 관한 학설—을 변형한 견해를 갖고 있다.

마르크스는 이런 생각을 당대의 경제체제, 노동계급과 '생산수단'(이를테면 공장)을 소유한 자본가들의 이해 충돌을 특징으로 하는 경제체제를 분석하는 데 십분 활용한다. 당시 약자였던 노동자들에 대한 마르크스의 공감은 확고했다. 결정적인 점은 생계를 꾸려야 하고 달리 팔 만한 것이 전무한 노동자들이 자신의 노동력을 판다는 것—임금을 받는 대신 노동을 한다는 것—이었다. 임금은 많지 않았다. 그들의 노동력을 구매한 이들은 그들이 노동을 지속하는 데 필요한 수준 이상으로 임금을 지급하는 데 전혀 관심이 없었기 때문이다. 이 때문에 노동자들과 그 가족들은 일생 동안 극심하고 모멸적인 빈곤에 시달려야 했다.

이뿐만이 아니었다. 당대의 정신적 특징 역시 노동자들을 무겁게 짓누르고 있었다. 그 특징이란 그들이 하고 있는 노동이 실제로 **그들의** 노동이 아니라는 사실이었다. "노동은 노동자에게 외적인 것, 다시 말해 노동자의 본질에 속하지 않는 것이다. …… 노동은 어떤 욕구의 만족이 아니라 노동 바깥에 있는 욕구를 만족시키기 위한 수단일 뿐이다. …… 노동은 노동자 자신의 것이 아니라 다른 사람의 것이다." 만족되지 않는 욕구는 자신이 하는 일을 통해 **자신을** 표현하려는 욕구다.

진단과 치료는 별개다. 자신의 노동이 아닌 기업의 노동을 할 때 못지않게 자신의 노동이 아닌 국가의 노동을 할 때에도 소외를 경험할 수 있는 것으로 드러나고 있다. 공동체가 크고 복잡한 경우, 공동체의 일원이 공동체의 이해관계와 자신의 이해관계를 동일시하는 것, 또는 줄곧 동일시하는 것은 쉽지 않은 일이다. 설령 동일시에 성공하더라도, 그런 동일시는 노동을 더 **견딜 만하게** 해주는 데 그칠 것이다. 여러분이 컨베

이어 벨트 옆에 서서 마멀레이드 병의 뚜껑을 조이는 일을 한다면, '국제마멀레이드 사'보다 '어머니 러시아'를 위해 일하는 편이 조금 더 견딜 만할 것이다. 그렇다 해도 그런 동일시는 여러분의 노동을 긍정적인 무언가로, 다시 말해 여러분의 인성이나 기술을 표현할 방법이나 여러분의 잠재력을 계발할 수단으로 바꾸는 데 조금도 기여하지 못한다. 오늘날 우리는 '직무 만족'에 대해 말한다. 우리 모두가 직무에 만족하는 것은 아니다. 문제는 아직 없어지지 않았다.

여성

이제까지 우리는 정신없는 패키지 여행처럼 전 세계와 3,000년을 가로지르며 논제에서 논제로, 사람에서 사람으로 건너뛰었다. 그러나 우리 모두는 적어도 한 번 이상 앞에서 거론된 어떤 철학자의 정신을 조금은 깊게 들여다보았으며, 그렇게 함으로써 비로소 철학에 입문할 수 있었다. 우리는 존 스튜어트 밀의 유명한 두 저작인 『공리주의』와 『자유론』을 흘끗 보았다. 전자는 이익이 곧 행복이라 말했고, 후자는 행복해지려면 개인의 자유가 필요하다고 말했다. 이 저작들 못지않게 유명한 에세이 『여성의 종속The Subjection of Women』(1869)은 개인이 성인 남성만이 아니라 모두를 의미한다고 말한다.

현실적인 정치인으로서 밀은 아주 구체적이고 (적어도 이론상으로는) 쉽게 바로잡을 수 있는 악폐를 겨냥한다. "한 성(性)에 대한 다른 성의 법적 종속은 그 자체로 옳지 않거니와 오늘날 인간의 개선을 가로막는 주된 장애물 중 하나다. …… 이 종속은 완벽한 평등의 원리로 대체되어야 한다." 밀은 현행 가족법이 아내의 노예화로 귀결된다고 주장했다. 제2장의 법적 지위에 대한 서술이 보여주듯이, 밀은 노예화라는 낱말을 문자 그대로의 뜻으로 사용했다. 그렇지만 바꾸고자 했던 것은 동등한 교육 기회, 그리고 공과에 따라 유력한 모든 직업과 직위에 동등하게 접근할 권리를 여성에게 허락하지 않는 온갖 관습과 의견 전체였다.

모든 주요한 철학은 설령 상상에 그치는 혜택이라 해도 철학의 혜택을 입을 잠재적인 수혜자들을 필요로 한다. 여성 전체의 조건을 개선하려던 밀에게는 호소할 수혜자가 아주 많았다. 그러나 밀은 자기 견해의 지지층이 인류 중 50퍼센트가 아니라 100퍼센트라고 믿었다. 밀은 여성에 대한 부당한 조치와 현존하는 조건이 여성의 삶에 가하는 피해에 관해 썼지만, 이 못지않게 모든 사람의 손실에 관해서도 많이 썼다. 여성의 재능을 억압하는 것은 "여성에 대한 횡포이자 사회의 손실이다". 역사는 여자들이 할 수 있는 일에 관해 많이 말해준다. 그들이 실제로 그런 일을 했기 때문이다. 역사는 여자들이 할 수 없는 일에 관해 아무것도 말해주지 않으며, 여자들이 일상적으로 기회를 얻기 전에는 결코 말해주지 않을 것이다. (『여성의 종속』 출간 이후 130여 년이 지나 내가 이 책을 쓰는 지금, 세계를 일주하는 1인 요트 경주의 마지막 지점에서 한 젊은 여성이 선두를 달리고 있다. 분명 이 경주는 내가 생각할 수 있는 그 어떤 경주보다도 정신적·신체적 지구력을 요한다.)

또한 밀은 남자들이 개인으로서 피해를 입고 그러면서도 대개 피해를 알아차리지 못한다(이 자체가 피해의 일부다)고 생각했다. 자기들이 다른 이들보다 우수하다고 믿도록 교육받는 것, 특히 왕왕 있는 일처럼 다른 이들의 능력이 실은 그들의 능력보다 우수한데도 거꾸로 교육받는 것은 그 누구에게도 이롭지 않기 때문이다. 다른 한편, 거칠게 들릴지 몰라도 '능력과 교양'이 떨어지는 누군가와의 친밀한 관계를 중심으로 살아가는 것은 우수한 사람에게도 해롭다. 그럼에도 많은 남자들이 바로 이런 상황에 처해 있다. 그들의 아내의 한계는 유해하기 그지없는 체제가 강제한 인위적인 산물이므로 틀림없이 진짜 한계가 아니다. 이 남자들은 자기가 승자라고 생각할지 모르지만, 진실은 모두가 패자라는 것이다.

다행히 이런 상황은 1869년 이래 개선되었다. 조금. 세계의 일부 지역에서. 얼마 동안.

여성이라는 논제를 다루면서 남성이 쓴 글에만 주목한다면 이상할 것이다. 여성의 글로 확실히 방향을 돌리게 하는 저작, 거의 방향을 돌리지 않을 수 없게끔 하는 저작이 있다. 시몬 드 보부아르(Simone de Beauvoir)의 방대한 저작 『제2의 성Le Deuxième Sexe』(1949)은 출간 이래 수많은 페미니스트들의 저술에 영감을 주었다. 내가 약 200년 후에 잠깐 되살아난다면, 『제2의 성』이 20세기의 가장 영향력 있는 책들 중 하나로 평가받는다는 데 놀라지 않을 것이다.

보부아르는 밀과 마찬가지로 여성의 자유에 주목하지만, 밀과 달리 자유와 행복의 연관성에 특별히 주목하지는 않는다. 보부아르는 여성이 어떠하다는 흥미롭고 일반적인 주장의 존재를 일체 부인하는데, 그런 주장은 환경—환경 중 일부는 사회적이고 따라서 대단히 가변적이다—에 대한 대응이나 다름없기 때문이다. (밀은 그런 일반화가 몇 가지 있을지 모른다고 생각했던 것으로 보이지만, 그런 일반화가 알려져 있다는 점은 부인했다.) 또한 보부아르는 실존주의 전통에 서 있으며 우리가 환경에 어떻게 대응할지는 우리 각자가 자유롭게 결단할 문제라고 본다. 환경에 의해 완전히 결정되는 존재인 양 가장하는 사람은 **진정성을 결여한** 자이자 책임을 방기하는 자다.

내게는 이 길고 시종일관 생기 넘치는 책의 논제들 중 하나를 더듬어볼 지면밖에 없다. 제7장에서 나는 헤겔이 끼친 어마어마한 영향에 대해 말하면서 헤겔의 자기인식 학설을 언급했다. 헤겔에 따르면 자기인식은 다른 무엇, 즉 자신의 '타자'에서 자신의 측면을 만날 때 생겨난다. 보부아르는 이 학설에서 심리학적 진실을 포착하면서도 헤겔의 장대한 형이상학은 철저히 무시하면서 자신의 가장 특징적인 학설을 전개한다. 여성은 남성의 타자이며, 여성과 남성 모두의 자기이해는 이 사실에 달려 있다.

타자가 그 자체로 주체, 인격일 때, 상황은 더 복잡해지고 잠재적으로 아주 위험해진다. 나는 너를 바라보는 나를 바라보는 너를…… 보고 있다. A가 B를 보는 방식은 B에 영향을 끼치고, 그 결과 A가 B에게서 발견하는 것이 바뀐다. 그리고 이 변화는 (자기인식에 관한 학설을 떠올려라) A의 자기인식을 바꿔놓고, 이 변화가 다시 A에 영향을 끼치고, 결국 A가 B를 보는 방식에 영향을 끼친다. 일단 무언가가 한 번 틀어지고 나면, 예를 들어 남성이 여성을 노예화하면서 이것이 자신에게 이롭다고 생각하고 여성이 노예화를 받아들이면서 이것이 자신의 유일한 선택지라고 생각하고 나면, 양성 간의 모든 관계는 착오와 인위성의 그물에 뒤엉킬 것이다. 그렇게 되면 "그가 무엇을 하든…… 그는 속았다고 느끼고 그녀는 무언가 잘못되었다고 느낀다". 관계의 상호성 때문에 남성이든 여성이든 혼자서는 상황을 바로잡지 못한다. 보부아르는 양성에 동시에 호소한다. 남자들에게는 여성이 독립적이고 동등한 존재임을 인정하라고 말하는 한편 여자들에게는 여성이 그런 존재라는 것이 그들 자신에 관한 진실임을 깨닫고 그런 존재가 되라고 말한다.

이렇게 해서『제2의 성』마지막 면에서 보부아르 특유의 문장인 동시에 밀이 썼다고 해도 믿을 법한 문장이 도출된다. "우리가 인류 절반의 노예 상태를 이 상태가 함축하는 위선의 체계 전체와 더불어 폐지할 때, 인류의 '구분'의 진정한 의의가 드러나고 인간 쌍의 참된 형태가 나타날 것이다." 경험론과 공리주의 전통에서 출발한 남성 밀과 헤겔이라는 전혀 다른 배경에 실존주의를 더한 여성 보부아르는 이처럼 놀랄 만큼 유사한 결론에 도달한다. 십중팔구 여러분은 이들이 옳을지도 모른다고 생각할 것이다.

동물

인간을 제외한 동물의 이익을 증진하는 사람은 누구나 시작부터 문제에 직면한다. 바로 동물은 글을 읽지 못한다는 문제다. 따라서 누군가 자신이 혜택을 주고자 하는 동물 무리와 뚜렷이 구별되는 청중을 글로 설득하려면, 청중의 선량한 천성에 호소하는 전략과 청중 역시 혜택을 얻을 거라고 주장하는 전략 가운데 하나가 필요하거나 둘 다 필요할 것이다. 우리는 성직자들에 대한 평신도들의 지지를 이끌어낼 때 두번째 전략을 사용한다는 것을 살펴보았다. 밀과 보부아르는 여성의 해방이라는 대의를 지지할 남자들을 규합하기 위해 두 전략을 모두 사용했다.

여러분이 호소하는 이들이 바로 여러분이 철폐하려는 관행에서 실제로 이익을 얻거나 이익을 얻는다고 생각할 경우 전망은 더욱 어두워진다. 많은 사람들이 육류를 즐겨 먹고, 많은 사람들이 동물에게 실험하는 방식으로 수행하는 의학 연구 덕분에 인류가 막대한 이익을 얻는다고 믿고 있다. 페미니스트 작가들도 남자들을 자기네 견해 편으로 끌어들이려 할 때 동일한 문제에 직면했지만, 적어도 그들은 여자들 중에 확실한 지지층을 확보하고 있었다. '동물 권리 옹호론자들'은 확실한 지지층이 전무하다.

불교는 극단으로 치닫지 않고도 자연히 동물을 보호한다. 내가 '자연히'라고 말한 이유는 영혼이 거듭 환생하고 현생에 인간 형상으로 태어난 것이 다음 생에는 동물 형상으로 태어날지 모른다는 힌두교의 믿음을 불교가 간직하고 있기 때문이다. 붓다는 한때 토끼로 살았다. 기독교에는 이런 형이상학은 물론 이와 결부된 양심의 가책도 없었다. 인도에 사는 소에게 형이상학이 중요하냐고 물어보라! 아담은 동물들 위에 군림하는 창조된 주인이었고, 동물들은 인류를 위해 창조된 존재였다. 인간은 이성적 영혼을 가지고 있으나 동물들은 그렇지 못해서 도덕적 영역 밖에 있다. (특히 성 토마스 아퀴나스(St. Thomas Aquinas, 1225~1274)가 이렇게 말했다.) 이와 관련한 논쟁이 끝없이 계속되었다. 흄이 동물에 관해 말한(49~51쪽 참조) 이후에도 이 논쟁은 멈추지 않았다.

존 스튜어트 밀이 옹호하고 확장한 공리주의의 창시자 제러미 벤담(Jeremy Bentham, 1748~1832)은 고통과 쾌락을 도덕적으로 결정적인 범주로 꼽았고, 동물과 관련해 유명한 선언을 했다. "문제는 동물들이 추론할 수 있느냐, 동물들이 말할 수 있느냐는 것이 아니라 동물들이 고통받을 수 있느냐는 것이다." (물론 동물들은 고통받을 수 있고, 따라서 공리주의 방정식에 들어가며, 우리는 동물들에 대한 도덕적 책임을 져야 한다.) 그러나 이 구절은 인간의 복지에 초점을 맞추는 책에서 부수적인 구절이었다. 동물을 대하는 인간의 태도와 행위의 도덕만을 명시적으로 다루는 책들은 최근에 이르러서야 등장했다(참고문헌 참조). 이 사실은 저자들이 다루어야 하는 까다로운 전술적 상황을 반영하는 결과일 것이다.

지난 20년 또는 30년 동안 동물 권리 옹호론자들의 학설은 엄청난 진전을 이루어냈다. 전술적 문제는 해결 불가능한 문제가 아니었다. 그들은 인간의 특질을 동물이 가지고 있다고 생각하기 좋아하는 사람들의 감상성에 호소할 수 있었다. 또한 아퀴나스가 상상한 것보다 우리와 동물의 관계가 훨씬 가깝다는 것을 흄보다 훨씬 설득력 있게 보여주는, 현대 생물학의 훨씬 확실한 사실들에 호소할 수도 있었다. 그들은 벤담처럼 인간에게 이익이 된다고 해서 동물에게 고통을 가하는 행위가 정당화될 수 있는지, 정당화될 수 있다면 언제 그런지 질문하면서 사람들의 양심에 강력하게 호소했다. 암 치료의 중요한 진전을 위해 실험용 쥐를 죽이는 행위와, 고작 몇 분 동안의 곰 괴롭히기를 즐기기 위해 개와 곰을 죽이는 행위를 사람들은 다르게 느낄 것이기 때문이다.

동물 복지의 몇몇 측면은 다른 긴급한 사안, 즉 자연환경을 파괴하거나 보호하는 행위 전체와 결부되어 있다. 그런 측면의 하나인 채식주의는 때로 자연환경과 관련해 다루어진다. 식물성 사료를 먹여 소를 기른 다음 육류를 먹는 것은 중간에 끼어 있는 소를 배제하고 식물을 곧장 먹는 것에 비해 지구의 자원을 아주 비효율적으로 사용하는 방법이라고 채식주의자들은 말한다. 그리고 이를 근거로 길게 보면 채식주의가 모두에게 이익이 된다고 주장한다. 현명한 전술이다. 더 많은 사람이 귀를 기울일수록 주장의 효과가 더 커지는 법이니까.

전문직 철학자

내가 오늘날 저술되고 있는 철학책에 관해 아무 말도 하지 않았음을 여러분은 알아챘을 것이고 어쩌면 조금 놀랐을 것이다. 그중 일부가 가치 있고 앞으로 살아남으리라는 것을 나는 별로 의심하지 않으며, 극히 일부만이 살아남으리라는 것은 더더욱 의심하지 않는다. 나는 그렇게 살아남을 책을 한두 권 추측할 수 있었지만, 추측은 어디까지나 어떻게 되리라는 짐작일 뿐이다. 그래서 나는 이미 오랫동안 세월의 시험을 견딘 저작들에 집중하는 편을 택했다. 그 저작들이 살아남은 한 가지 이유는, 저자가 인류를 위해 자신의 메시지가 필요하다는 진실한 마음으로 글을 썼고 우리가 그의 지성뿐 아니라 열정까지 인지할 수 있기 때문이다.

오늘날의 철학 저작이라 해서 이렇게 쓰이지 않을 이유는 없고, 일부는 실제로 이렇게 쓰이고 있다. 그러나 철학책을 쓰는 이들이 대부분 전문직 종사자라는 것, 생계와 경력 전망 때문에 철학에 관해 쓰고 발표해야 하는 이들이라는 것은 알아두어야 한다. 이 사실에서 어떤 결론이 **도출되는** 것은 아니다. 칸트와 헤겔 역시 어쨌든 전문직 철학자였다. 철학에 대한 그들의 관심이 진실하지 않다는 결론이 도출되는 것도 아니다. 그러나 그들이 철학에 관심을 쏟는 다양한 이유들 가운데 내가 인위적이라고 말할 이유가 있다는 결론이 도출되는 것은

18. 전문직 철학자. 이 사람을 조금은 경계해라.

사실이다. 제1장에서 나는 철학자들이 사소한 수수께끼를 풀기 위해서가 아니라 문명의 행로를 바꾸기 위해 논쟁에 뛰어든다고 말했다. 그러나 오늘날의 전문화된 철학 세계에서는 수수께끼를 가장 훌륭하게 풀어내는 저자가 실제로 대단한 성공을 거둘 수 있다. 문명이야 제 갈 길을 가도록 내버려두고 수수께끼에 대해 쓰라는 유혹과 압력을 다른 철학자들도 느끼고 있다.

이 말을 오늘날 대학 철학과에서 내놓는 모든 것을 싸잡아 비난한다는 의미로 읽지 마라. 제발! 나는 이 책의 도움을 받아 철학에 처음으로 다가가고 있는 누군가에게 조언하는 의미로 말한 것이다. 여러분이 어떤 전문출판사에서 나온 최신 철학책이나 가장 전문적인 학술지의 최신호를 훑어보다가 당최 무슨 소리인지, 대체 이것에 왜 주목해야 하는지 모르겠더라도, 철학이 죄다 그럴 거라고 섣불리 단정하지 마라. 눈앞에 보이는 것이 여러분이 인지해본 적 없는 훨씬 큰 그림의 세부일 수도 있다. 물론 최악의 경우라면 실제로 철학자들의 수수께끼 놀이를 읽는 중일 수도 있다. 여러분 자신의 분별력을 기르는 동안에는 오랜 세월을 견딘 훌륭한 고전들만 읽어라.

내가 여러분에게 소개하려 애쓴 철학자들은 수수께끼 놀이나 하는 철학자로 의심하지 않아도 된다. 우리는 그들의 글이 머리는 물론 심장에서도 나왔다는 것을 알고 있다. 그들에게는 어마어마한 장점과 더불어 분명 단점도 있을 것이다. 몇 개만 열거해보자면 뜻밖의 무지, 편견, 지나친 자신감, 모호한 표현 등이 있을 것이다. 그러나 내가 보여주려 했듯이 철학은 삶만큼이나 광대하고, 철학의 방대한 문헌은 가장 지적인 덕들만이 아니라 가장 지적인 악덕들까지 예증한다. 그렇지 않기를 바라는 것은 인간들에게 정신이 없기를 바라는 것이나 마찬가지이리라.

19. 철학 수업 간다. 네 저녁은 없다.

참고문헌—어디로 가야 하나?

내 시간은 끝났다. 그러나 나는 여러분에게 주소와 이름을 알려주겠다고, 말하자면 더 멀고 더 깊은 곳으로 나아가려는 여러분에게 안내인을 붙여주겠다고 약속했다. 몇몇 아주 저명한 철학자들이 시간과 공을 들여 입문서를 썼다는 것은 주목할 만한 사실이다. 이런 입문서 저술은 표준 교과서를 판에 박힌 방식으로 만들어내는 문제가 아니다. 철학에 이르는 모든 길은 어느 정도 개인적이다.

입문서

T. Nagel, *What Does it All Mean?*

(New York and Oxford: Oxford University Press, 1987)

아주 짧은 이 책에서 Tom Nagel은 역사를 일체 언급하지 않고 문제들을 직접 겨냥하는 방식으로 독자들에게 9가지 영역을 맛보게 해준다. 9가지 영역은 1) 인식, 2) 타인의 마음, 3) 마음과 몸의 관계, 4) 언어와 의미, 5) 의지의 자유, 6) 옳고 그름, 7) 정의, 8) 죽음, 9) 삶의 의미다. 여러분이 첫번째로 읽을 책으로 안성맞춤이다. 읽으면서 어떤 영역이 관심을 끄는지 확인해라.

S. W. Blackburn, *Think*

(Oxford: Oxford University Press, 1999)

Nagel의 책 다음에 읽기에 완벽한 책이다. Nagel의 책과 동일한 주제들 몇 개와 더불어 '신'과 '추론'까지 더 길고 더 깊게 다룬다. 사료를 자주 인용하기 때문에 (서양) 철학 전통에 대한 의식을 전해주기 시작한다. 아주 재미있게 썼다.

B. Russell, *The Problems of Philosophy*

(Oxford: Oxford University Press, 1912)

90여 년이 지난 지금까지도 팔리는 고전적 입문서다. 마지막 장을 놓치지 마라. 여기서 러셀은 철학의 가치를 옹호한다. 오늘날에는 조금 거창하고 낙관적인 주장으로 들릴지도 모르겠다.

철학의 역사

B. Russell, *History of Western Philosophy*

(London: George Allen & Unwin, 1946)

대단히 매력적인 방식으로 산더미 같은 자료를 종합한 놀라운 책이다. 이 책을 즐겨라. 다만 나중에 어떤 철학자에 대한 러셀의 서술이 부족하다거나, 주요 논점을 놓치고 있다거나, 기독교에 대한 강한 반감 때문에 왜곡되어 있다는 말을 들어도 놀라지 마라.

F. Copleston, *A History of Philosophy*

(8 vols. London: Burns & Oates, 1946~66)

결코 러셀의 책만큼 재미있지는 않지만 진지한 공부에 적합한 포괄적이고 신뢰할 만한 저작이다. Copleston은 나중에 다른 출판사(Search Press)에서 프랑스 혁명 이후 프랑스 철학에 관해 한 권, 러시아 철학에 관해 한 권을 더 출간했다.

S. Radhakrishnan, *Indian Philosophy*

(2 vols. Delhi: Oxford University Press, 1996; 1929년 초판 출간)

1962~67년 인도 대통령을 역임한 사르베팔리 라다크리슈난은 그 전에 캘커타 대학과 옥스퍼드 대학의 교수였다. 인도 철학 전통은 깊고 정교하다. 서구 독자는 익숙하지 않은 배경에서 매혹적으로 변모한 익숙한 사상과 논증을 자주 마주칠 것이다. 산스크리트 단어를 몇 개 만나더라도 당황하지 마라.

참고할 도서

한 권짜리 훌륭한 참고도서는 몇 종 있다. Simon Blackburn의 *The Oxford Dictionary of Philosophy* (Oxford University Press), Ted Honderich가 편집한 *The Oxford Companion to Philosophy* (Oxford University Press), Robert Audi가 편집한 *The Cambridge Dictionary of Philosophy* (Cambridge University Press).

여러 권으로 이루어진 가장 좋은 영어 참고도서는 (내 입으로 말하고는 있지만—이렇게 말하는 이유가 궁금하면 208쪽 사진을 자세히 보라) *The*

Routledge Encyclopedia of Philosophy 다. 모르긴 몰라도 이걸 개인이 구입하기는 버거울 것이다! 커다란 공공도서관이나 대학도서관, 아니면 인터넷판을 구독하는 어떤 기관을 통해 읽기 바란다.

본문에서 참조한 문헌

제2장

플라톤, 『크리톤』. 편리하고 쉽게 구할 수 있는 판본은 Hugh Tredennick이 번역했고 『소크라테스의 변론』, 『크리톤』, 『파이돈』을 포함하는 *The Last Days of Socrates* (Penguin Books)다. 나의 유일한 불만은 스테파누스 표기가 여백에 충실히 붙어 있지 않고 면 상단에 있다는 것이다. 플라톤에 관심이 많아진다면 J. Cooper와 D. S. Hutchinson이 편집한 *Plato: Complete Works* (Hackett Publishing Co.)를 사라.

제3장

데이비드 흄, 『기적에 관하여』. 『인간 오성론An Enquiry Concerning Human Understanding』 제10절에 실려 있다. 판본은 많다. L. A. Selby-Bigge(Oxford University Press)의 판본은 흄의 『도덕 원리에 관한 탐구Enquiry Concerning the Principles of Morals』를 포함한다. 종교에 관한 흄의 다른 저술로는 『자연종교에 관한 대화Dialogues Concerning Natural Religion』와 『종교의 자연사The Natural History of

Religion』가 있으며 역시 쉽게 구할 수 있다.

제**4**장

작자 미상, *The Questions of King Milinda*는 N. K. G. Mendis가 편집한 값싼 축약판(Kandy, Sri Lanka: Buddhist Publication Society, 1993)으로 구할 수 있다.

플라톤, 『파이드로스』 246a ff, 253d ff. 플라톤은 영혼을 마차에 비유한다.

작자 미상, 『카타 우파니샤드』, 3. 3-7, 9: 초기 인도 전통에서 영혼은 마차에 비유된다. 주요 우파니샤드들을 수록한 쉽게 구할 수 있는 판본은 옥스퍼드 대학 출판부의 World Classics 시리즈 판본으로, Patrick Olivelle이 번역했다.

제**5**장

에피쿠로스: 초기 철학사가 디오게네스 라에르티오스(Diogenes Laertius)는 『저명한 철학자들의 생애Lives of the Eminent Philosophers』라 불린 저작을 썼다. 이 책은 하버드 대학 출판부에서 펴내는 Loeb Classical Library로 출간되었다(전2권). 제2권에서 에피쿠로스만을 다루는 마지막 절에는 그의 글들이 일부 재수록되어 있다. (이 글들은 우리에게 전해진 소수의 파편에 지나지 않는다.)

존 스튜어트 밀, 『공리주의』. 이 짧은 글과 밀의 『자유론』(뒤에 나오는 제8장 참고문헌 참조) 둘 다 Everyman's Library 시리즈(London: J. M. Dent & Sons; New York: E. P. Dutton & Co.) 중 한 권에 실려 있다.

토머스 홉스, 『리바이어던』. 한 가지 좋은 선택지는 Richard Tuck가 편집하고 케임브리지 대학 출판부에서 펴낸 판본이다. 자연상태에 관한 유명한 장은 제1부의 제13장이다.

플라톤, 『국가』 453-66. 플라톤의 가족 폐지 주장—아니면 새로운 비생물학적 가족 개념의 도입이라고 말해야 할까?—과 그 이유.

제**6**장

루크레티우스, 『사물의 본성에 관하여』, R. E. Latham이 번역하고 John Godwin이 해제를 쓴 Penguin Books 판본. 서기전 1세기 로마인 루크레티우스는 동포들을 가능한 한 전향시키려는 분명한 의도를 가지고 에피쿠로스의 학설을 라틴어 운문으로 표현했다. Godwin의 해제는 이렇게 시작된다. "이 책은 독자들에 대한 경고, 여러분의 삶을 바꿀 의도로 쓰였다는 경고를 담고 있다." 원제는 *De Rerum Natura*다.

버클리, 『하일라스와 필로누스의 세 대화 Three Dialogues between Hylas and Philonous』. 판본이 아주 많다. Penguin Books에서 출간한

Roger Woolhouse의 판본이 좋은 선택이다. 여기에는 버클리의 『인간 지식의 원리론Principles of Human Knowledge』도 실려 있다.

칸트, 『순수이성비판Kritik der reinen Vernunft』. 최고의 영역본은 여전히 Norman Kemp Smith가 번역하고 Macmillan에서 출간한 판본이다. 그러나 초심자라면 주의하라. 이 책은 읽기가 아주 어렵다.

산체스, 『아무것도 인식되지 않는다는 것』. 대단히 전문적인 문헌이지만 본문에서 언급했기 때문에 서지사항을 밝히겠다. Elaine Limbrick과 Douglas Thomson이 편집·번역했고 케임브리지 대학 출판부에서 출간했다.

데카르트, 『성찰』. 구할 수 있는 판본이 많다. 그러나 그저 데카르트에 관심이 가는 경우라면 J. Cottingham, R. Stoothoff, D. Murdoch이 번역하고 케임브리지 대학 출판부에서 펴낸 *The Philosophical Writings of Descartes*(전2권)를 페이퍼백으로 읽어봐라. 『성찰』은 ii. 3~62쪽에 실려 있다.

섹스투스 엠피리쿠스, 『피론주의 개요』. 이 역시 전문적인 문헌이다. 그러나 적어도 제1권의 첫 12개 절을 읽지 않는다면, 즉 섹스투스가 회의론적 철학이 무엇인지 설명하는 지점까지 읽지 않는다면 애석할 것이다. 하버드 대학 출판부의 Loeb Classical Library로 R. G. Bury

의 번역본이 출간되었다.

제7장

데카르트, 『방법서설』. 수많은 판본이 있다. 방금 전에 추천한 데카르트의 『성찰』을 보라. 『방법서설』은 ⅰ. 111~51쪽에 실려 있다. 이 책 147쪽에 있는 도판을 포함하는 데카르트의 『인간론De Homine』은 99~108쪽에 실려 있다.

헤겔, 『역사철학 강의』 서론. 탁월한 영역본은 H. B. Nisbet이 번역하고 케임브리지 대학 출판부에서 출간한 *Hegel, Lectures on the Philosophy of World History: Introduction*이다. 여러분에게 필요한 내용은 25~151쪽에 다 있다.

찰스 다윈, 『종의 기원』. 내가 추천하는 판본은 J. W. Burrow가 편집하고 Penguin Books에서 출간한 판본이다. 전체를 읽을 시간이 없다면 적어도 제1~4장과 마지막 제14장은 읽어라.

니체, 『도덕의 계보학』. 공감을 자아내는 니체의 독창적인 독일어를 번역하는 것은 까다로운 작업이다. 현재 수많은 영어 번역본을 구할 수 있는 것도 이런 이유 때문일 것이다. 내가 권하는 두 종은 W. Kaufmann과 R. J. Hollingdale이 번역하고 Vintage Books에서 출간한 판본과 Douglas Smith가 번역하고 옥스퍼드 대학 출판부의

World Classics 시리즈로 출간한 판본이다. (그러나 니체를 독일어로 편안하게 **읽을 수 있다면** 다른 언어로 읽을 생각일랑 말아라.) '금욕적인 성직자'의 활동에 관한 핵심 구절은 3. 10~22다. 그러나 이 대목만 읽지는 마라.

제**8**장

존 스튜어트 밀, 『자유론』. 『자유론』과 『공리주의』(제5장 참고문헌 참조)는 Everyman's Library 시리즈로 출간된 한 권에 둘 다 실려 있다. 런던에서는 J. M. Dent &Sons가, 뉴욕에서는 E. P. Dutton & Co.가 출간했다.

존 스튜어트 밀, 『여성의 종속』. Richard Wollheim이 해제를 쓰고 옥스퍼드 대학 출판부에서 펴낸 *John Stuard Mill: Three Essays*에 실려 있다. Dover Publications에서 펴낸 값싼 판본에는 이 에세이만 실려 있다.

작자 미상, 『브리하드아란야카 우파니샤드』. 쉽게 구할 수 있는 판본은 Patrick Olivelle이 주요 우파니샤드들을 번역해 옥스퍼드 대학 출판부의 World Classics 시리즈로 출간한 판본으로, 여기에 『카타 우파니샤드』(본문 참조)도 실려 있다.

시몬 드 보부아르, 『제2의 성』. H. M. Parshley의 번역본은 David Campbell Publishers Ltd.에서 펴내는 Everyman's Library 시리즈

중 가장 훌륭한 축에 든다.

카를 마르크스, 『경제학-철학 수고Ökonomisch-philosophische Manuskripte aus dem Jahre 1844』. 본문 인용문의 출처가 이 책이다. 마르크스를 처음 읽는 사람은 R. Tucker가 편집하고 Norton and Co.가 출간한 *The Marx-Engels Reader* 같은 마르크스 선집을 먼저 읽는 편이 좋다. 그러나 마르크스, 특히 청년기 마르크스는 읽기가 쉽지 않음을 알아둬라. 헤겔로부터 사유와 문체 습관을 물려받은 결과다.

피터 싱어(Peter Singer), 『동물 해방Animal Liberation』은 인간-동물 관계의 도덕에 몰두하는 주목할 만한 책으로, 1975년 New York Review Books가 출간했다. Tom Regan의 *The Case for Animal Rights* (University of California Press, 1983)도 마찬가지다.

역자 후기

이 책은 영국 옥스퍼드대 출판부에서 펴내는 〈Very Short Introduction〉 시리즈의 철학 편이다. 일반적인 입문서라면 철학을 정의하고 철학의 탐구 방법과 영역을 소개하는 과제에 초점을 맞출 것이다. 그러나 저자 에드워드 크레이그는 철학을 학자들이 전유하는 분과나 활동으로 보지 않기에 그런 식으로 접근하지 않는다. 크레이그는 철학을 세 가지 근본적인 물음을 둘러싼 활동으로 규정한다. 그 세 가지 물음이란 "무엇을 해야 하는가?", "무엇이 존재하는가?", "어떻게 아는가?"다(이 물음들은 철학의 주요 영역인 도덕철학, 형이상학, 인식론에 각각 대응한다). 요컨대 철학이란 "그저 이 물음들과 이것들의 상관관계에 관해 조금 더 숙고하고, 이 물음들에 관해 다른 이들이 이미 뭐라고 말했고 왜 그렇게 말했는지 배우는 것을 뜻한다". 따라서 저자가 서두에서 천명하듯이 우리 모두는 이미 어느 정도 철학자이며, 철학 공부는 (의식하든 안 하든) 우리가 이미 하고 있는 활동에 폭과 깊이를 더하는 일이다.

그렇지만 모든 사람이 어느 정도 철학자라고 해서 철학이 누구에게나 익숙한 것은 아니다. 저자의 말마따나 어떤 철학은 기이하며, 탁월한 철학은 처음에는 난해하게 보일 공산이 크다. 이 책의 장점 중 하나는 최고의 철학이 그토록 낯설고 어려운 이유를 설명하려 시도한다는 것이다. 저자에 따르면 최고의 철학이 일견 생경한 이유는 새로운 정보나 사실, 격언 등을 제시하는 데 그치지 않고 고유한 세계상과 가치체계를 구현하고 있기 때문이다. 그렇기에 위대한 철학을 접하는 사람은 단순히 텍스트를 소화하는 문제가 아니라, 그 철학이 응축하고 있는 세계상과 가치체계를 이해하는 문제에 부딪히게 된다. 더욱이 장구한 역사의 마모를 견디고 이제껏 살아남은 철학은 대부분 지적인 소일거리나 수수께끼 풀이의 결과물이 아니라, 내란 상황에서 우위를 점하려는 투쟁, 또는 저자의 표현대로라면 문명의 행로를 바꾸려는 투쟁의 산물이다. 그런 이유로 근본적인 문제를 제기한 철학일수록, 오래 살아남은 철학일수록 처음에는 그만큼 낯설고 어려운 것이다.

같은 이유로 저자는 이제껏 세월의 시험을 견뎌낸 저작들에 집중한다. 이 또한 이 책의 장점이다. 철학은 역사가 두터운 학문이다. 고대 희랍의 철학을 출발점으로 보면 그 역사가 2,500년에 달한다. 따라서 저자의 말처럼 분별력을 기르는 동안에는 철학사에 이름을 올린 철학자들의 고전에만 집중하는 것이 철학에 접근하는 현명한 길이다(그런 고전들만 해도 일평생 읽기에 부족하지 않을 만큼 많다). 그렇지만 저자는 각 저작의 핵심을 간추려 알려주기보다 철학의 근본적인 물음들에 관해 숙고하도록 독자를 이끈다. 쉽게 말해 독자에게 먹이를 먹여주기보다 독자가 먹이를 직접 찾아먹도록 유도한다. 그런 만큼 특히 제2, 3, 4장을 읽을 때는 각 장에서 다루는 저작을 함께 읽을 것을 역자로서 적극 권하겠다(제5장부터 다루는 저작들은 이 책을 다 읽고 나서 읽어도 무방하다). 다행히 각 저작의 한국어 번역본이 출간되어 있다. 저자는 이들 문헌이 없어도 이 책을 읽는 데 지장이 없다고 말하지만, 역자가 보기에는 논증을 자세히 따져보기 때문에 꽤나 지장이 있을뿐더러, 저자의 서술만 따라가며 읽을 경우 자신의 머리로 철학적 사유를 하지 않을 우려가 있다. 더욱이 입문서의 목적이 더 깊고 넓은 공부로 나아가도록 이끄는 것임을 생각하면, 저자의 안내를 따라 원전을 읽으면서 이후의 공부를 위한 토대를 다지는 것이야말로 이 책을 활용하는 최선의 길일 것이다.

독서안내

앞서 말했듯이 철학은 역사가 두터운 학문이기 때문에 철학 원전만 해도 아주 많고 참고문헌은 셀 수 없을 정도로 많다. 그런 이유로 여기서는 본문에서 언급한 원전의 한국어 번역본과 개론 성격의 중요한 참고문헌의 서지사항만 제시하고자 한다. 저자가 신학을 다루지 않았기에 신학 관련 문헌은 넣지 않았다.

철학사

『서양 철학사』(전2권), 요한네스 힐쉬베르거 지음, 강성위 옮김, 이문출판사

『세상의 모든 철학』, 로버트 솔로몬 · 캐슬린 히긴스 지음, 박창호 옮김, 이론과실천

『헤겔 근대 철학사 강의』, 하워드 P. 케인즈 지음, 강유원 · 박수민 옮김, 이제이북스

『그리스 로마 철학사』, F. C. 코플스턴 지음, 김보현 옮김, 철학과현실사

『중세철학사』, F. C. 코플스턴 지음, 박영도 옮김, 서광사

『18 · 19세기 독일철학』, F. C. 코플스턴 지음, 표재명 옮김, 서광사

『합리론』, F. C. 코플스턴 지음, 김성호 옮김, 서광사

『영국경험론』, F. C. 코플스턴 지음, 이재영 옮김, 서광사

『정치사상사』(전2권), 조지 세이빈 · 토머스 솔슨 지음, 성유보 · 차남희 옮김, 한길사

『정치와 비전』(전3권), 셸던 월린 지음, 강정인 외 옮김, 후마니타스

『서양정치철학사』(전3권), 레오 스트라우스 · 조셉 크라시 지음, 김영수 외 옮김, 인간사랑
『러셀 서양철학사』, 버트런드 러셀 지음, 서상복 옮김, 을유문화사
『인도철학사』(전4권), S. 라다크리슈난 지음, 이거룡 옮김, 한길사

참고할 도서

『희랍 철학 입문』, W. K. C. 거스리 지음, 박종현 옮김, 서광사
『종교에서 철학으로』, F. M. 콘퍼드 지음, 남경희 옮김, 이화여자대학교출판부
『쓰여지지 않은 철학』, F. M. 콘퍼드 지음, 이명훈 옮김, 라티오
『헬라스 사상의 심층』, 박종현 지음, 서광사
『플라톤』, 남경희 지음, 아카넷
『근대 정치사상의 토대 1』, 퀜틴 스키너 지음, 박동천 옮김, 한길사
『근대 정치사상의 토대 2』, 퀜틴 스키너 지음, 박동천 옮김, 한국문화사
『독일 관념론 철학』, 니콜라이 하르트만 지음, 이강조 옮김, 서광사
『헤겔에서 니체로』, 카를 뢰비트 지음, 강학철 옮김, 민음사
『서구 정치사상 고전읽기』, 강유원 지음, 라티오
『이사야 벌린의 자유론』, 이사야 벌린 · 헨리 하디 지음, 박동천 옮김, 아카넷
『낭만주의의 뿌리』, 이사야 벌린 지음, 강유원 · 나현영 옮김, 이제이북스
『서구 자유주의의 융성과 쇠퇴』, 앤서니 아블라스터 지음, 조기제 옮김, 나남출판

제2장 플라톤 대화편의 번역본으로는 박종현 선생의 번역본과 이제이북스 출판사에서 펴내는 '정암학당 플라톤전집'이 있다. 박종현 선생의 크리톤 번역은 네 대화편을 묶은 『에우티프론, 소크라테스의 변론, 크리톤, 파이돈』에 실려 있다. 이제이북스 판은 『크리톤』(이기백 옮김)이다.

제3장 『기적에 관하여』(이태하 옮김, 책세상) 외에 흄의 인성론 세 권은 『오성에 관하여』, 『정념에 관하여』, 『도덕에 관하여』(이준호 옮김, 서광사)로 출간되었다.

제4장 다행히 저자 미상의 『밀린다팡하』(서경수 옮김, 동국역경원) 번역본이 있다. 우파니샤드 번역본은 『우파니샤드』(전2권, 이재숙 옮김, 한길사)와 『우파니샤드』(임근동 옮김, 을유문화사) 두 종이 있다.

제5장 『공리주의』, 존 스튜어트 밀 지음, 서병훈 옮김, 책세상
『자유론』, 존 스튜어트 밀 지음, 서병훈 옮김, 책세상
『리바이어던』(전2권), 토머스 홉스 지음, 진석용 옮김, 나남출판

제6장 『하일라스와 필로누스가 나눈 대화 세 마당』, 조지 버클리 지음, 한석환 옮김, 지만지
『인간 지식의 원리론』, 조지 버클리 지음, 문성화 옮김, 계명대학교출판부
『사물의 본성에 관하여』, 루크레티우스 지음, 강대진 옮김, 아카넷
『순수이성비판』(전2권), 임마누엘 칸트 지음, 백종현 옮김, 아카넷

『경제학-철학 수고』, 카를 마르크스 지음, 강유원 옮김, 이론과실천
『공산당 선언』, 카를 마르크스 지음, 강유원 옮김, 이론과실천
『헤겔 법철학 비판』, 카를 마르크스 지음, 강유원 옮김, 이론과실천
『피론주의 개요』, 섹스투스 엠피리쿠스 지음, 오유석 옮김, 지만지

제7장 데카르트의 『방법서설』과 『성찰』은 이현복 번역본(문예출판사)을 권한다. 지금 구할 수 있는 헤겔 역사철학강의 번역본은 『역사철학강의』(권기철 옮김, 동서문화사)다. 그렇지만 헤겔 저작 중에서는 우선 『논리학 서론 · 철학백과 서론』(김소영 옮김, 책세상)과 『김나지움 논리학입문』(위상복 옮김, 용의숲)을 읽을 것을 권한다. 찰스 다윈의 주저는 『종의 기원』(송철용 옮김, 동서문화사)과 『인간의 유래』(전2권, 김관선 옮김, 한길사)다. 『다윈 평전』(에이드리언 데스먼드 · 제임스 무어 지음, 김명주 옮김, 뿌리와이파리)과 『찰스 다윈 평전』(재닛 브라운 지음, 임종기 옮김, 김영사)을 참조해도 좋겠다. 니체의 경우 책세상 출판사에서 전집을 출간했다. 『도덕의 계보학』은 『선악의 저편 · 도덕의 계보』(김정현 옮김, 책세상)에 실려 있다.

제8장 『여성의 종속』, 존 스튜어트 밀, 서병훈 옮김, 책세상
『제2의 성』(전2권), 시몬 드 보부아르 지음, 조홍식 옮김, 을유문화사
『도덕과 입법의 원칙에 대한 서론』, 제러미 벤담 지음, 강준호 옮김, 아카넷
『동물 해방』, 피터 싱어 지음, 김성한 옮김, 연암서가

도판 목록

철학

PHILOSOPHY

1판 1쇄 발행 2015년 1월 30일
2판 1쇄 발행 2023년 8월 22일
2판 3쇄 발행 2024년 4월 15일

지은이 에드워드 크레이그
옮긴이 이재만

편집 최연희 조현나 이고호
디자인 강혜림
저작권 박지영 형소진 최은진 서연주 오서영
마케팅 김선진
브랜딩 함유지 함근아 고보미 박민재 김희숙 박다솔 조다현 정승민 배진성
제작 강신은 김동욱 이순호
제작처 한영문화사(인쇄) 한영제책사(제본)

펴낸곳 (주)교유당 펴낸이 신정민
출판등록 2019년 5월 24일 제406-2019-000052호
주소 10881 경기도 파주시 회동길 210
전자우편 gyoyudang@munhak.com
문의전화 031) 955-8891(마케팅)
031) 955-2680(편집)
031) 955-8855(팩스)

페이스북 @gyoyubooks
트위터 @gyoyu_books 인스타그램 @gyoyu_books

ISBN 979-11-92968-40-7 03100

• 교유서가는 (주)교유당의 인문 브랜드입니다.
이 책의 판권은 지은이와 (주)교유당에 있습니다.
이 책 내용의 전부 또는 일부를 재사용하려면 반드시 양측의 서면 동의를 받아야 합니다.